COMO FAZER SUA (PRÓXIMA) CARREIRA DECOLAR

COMO
FAZER SUA
(PRÓXIMA)
CARREIRA
DECOLAR

DALE CARNEGIE

COMO FAZER SUA (PRÓXIMA) CARREIRA DECOLAR

Tradução
Maria Clara de Biase W. Fernandes

1ª edição

Rio de Janeiro | 2021

CIP-BRASIL. CATALOGAÇÃO NA PUBLICAÇÃO
SINDICATO NACIONAL DOS EDITORES DE LIVROS, RJ

C286c   Carnegie, Dale, 1888-1955
      Como fazer sua (próxima) carreira decolar / Dale Carnegie ; tradução
Maria Clara de Biase. – 1. ed. – Rio de Janeiro : BestSeller, 2021.

      Tradução de: How to Jumpstart Your (Next) Career
      ISBN : 978-65-5712-187-0

      1. Orientação profissional. 2. Profissões - Desenvolvimento. 3. Motivação
(Psicologia). 4. Sucesso nos negócios. 5. Autorrealização. 6. Técnicas de
autoajuda. I. Biase, Maria Clara de. II. Título.

CDD: 650.14

21-72910   CDU: 005:(159.947:174.4)

Camila Donis Hartmann – Bibliotecária – CRB-7/6472

Texto revisado segundo o novo Acordo Ortográfico da Língua Portuguesa.

Título original
How to Jumpstart Your (Next) Career

Copyright © 2016 Dale Carnegie & Associates
All rights reserved by JMW Group, Inc. Exclusive worldwide rights in all
languages available only through JMW Group
jmwgroup@jmwgroup.net

Copyright da tradução © 2021 by Editora Best Seller Ltda.
Todos os direitos reservados. Proibida a reprodução, no todo ou em parte, sem
autorização prévia por escrito da editora, sejam quais forem os meios empregados.

Direitos exclusivos de publicação em língua portuguesa para o Brasil
adquiridos pela
EDITORA BEST SELLER LTDA.
Rua Argentina, 171, parte, São Cristóvão
Rio de Janeiro, RJ – 20921-380
que se reserva a propriedade literária desta tradução

Impresso no Brasil

ISBN 978-65-5712-187-0

Seja um leitor preferencial Record.
Cadastre-se no site www.record.com.br e receba informações
sobre nossos lançamentos e nossas promoções.

Atendimento e venda direta ao leitor:
sac@record.com.br

Sumário

PREFÁCIO • 7

CAPÍTULO UM • 11
Desenvolvendo uma postura profissional

CAPÍTULO DOIS • 41
Desenvolvendo sua marca pessoal

CAPÍTULO TRÊS • 71
Aperfeiçoando suas habilidades de gestão de pessoas

CAPÍTULO QUATRO • 97
Aperfeiçoando suas habilidades de gestão de processos

CAPÍTULO CINCO • 133
Aperfeiçoando suas habilidades de falar em público

CAPÍTULO SEIS • 163
Aprimorando suas habilidades de escrita

CAPÍTULO SETE • 187
Progredindo dentro de sua própria empresa

CAPÍTULO OITO • 221

Buscando um novo emprego — Fontes de trabalho

CAPÍTULO NOVE • 251

Buscando um novo emprego — O currículo e a entrevista

CAPÍTULO DEZ • 279

Mudando de carreira no meio do caminho

APÊNDICE A • 313

SOBRE DALE CARNEGIE & ASSOCIATES, INC.

APÊNDICE B • 315

OS PRINCÍPIOS DE DALE CARNEGIE

Prefácio

Para a maioria das pessoas, depois da família, a parte mais importante da vida é o trabalho. Se você é montador em uma linha de produção, escriturário, representante de vendas, médico, pequeno empresário, engenheiro ou professor universitário, é possível que dedique mais tempo ao trabalho do que à maioria dos outros segmentos de sua vida.

Algumas pessoas escolheram suas profissões depois de aprender muito sobre seus ramos de atividade; outras receberam ampla instrução ou treinamento para se qualificar para suas posições; e outras, ainda, seguiram suas carreiras por acaso. Algumas adoram o trabalho que escolheram, outras o odeiam, e outras ainda o acham tolerável, mas não estão realmente felizes com ele.

Muitas veem sua posição atual como um degrau na escada da carreira — em que cada degrau leva a uma posição mais alta. Trabalhamos duro e nos esforçamos ao máximo para adquirir habilidades e conhecimentos e garantir o progresso. Mas alguns de nós estão totalmente satisfeitos com o trabalho que têm e não fazem nenhum esforço para progredir. Embora este livro tenha sido escrito para pessoas na primeira situação, não há

Como fazer sua (próxima) carreira decolar

nenhuma vergonha em estar satisfeito em permanecer na posição atual até se aposentar.

Em alguns empregos, as oportunidades de progresso significariam eliminar o que amamos em nosso trabalho. Marcy lecionava estudos sociais em escolas públicas de Nova York. Em 2010, ela recebeu o prêmio de melhor professora de Ensino Médio da cidade. Foi incentivada a se candidatar ao cargo de subdiretora, mas se recusou: "Meu forte e minha alegria é trabalhar com os alunos. Não tenho nenhuma vontade de ir para a administração." Marcy nunca lamentou sua decisão, e continua gostando de dar aulas e do envolvimento direto com seus alunos diariamente.

Algumas pessoas podem buscar progresso, mas, quando vão para uma posição administrativa, não ficam felizes. O que elas realmente amam é trabalhar em suas especialidades, e sentem falta disso quando são promovidas. Quando Charles Kettering — o inventor do sistema de ignição elétrica e de dúzias de outros produtos — tornou-se vice-presidente da General Motors, não encontrou nenhuma satisfação no cargo e pediu transferência para uma posição em que pudesse se concentrar em suas habilidades criativas.

Contudo, se você é uma dessas pessoas que realmente quer progredir em sua profissão, deveria investigar que tipos de posições ocupará ao subir aquela escada. No mundo dos negócios há dois caminhos para progredir profissionalmente. Um deles é o caminho administrativo, em que se supervisionam pessoas e processos. O outro é o caminho da equipe, em que não se tem nenhuma responsabilidade de supervisão, mas lida-se com muitas questões administrativas.

Prefácio

Na primeira parte deste livro, discutiremos a preparação necessária para se qualificar para uma promoção. Para ser bem--sucedido nas áreas de supervisão ou gerência administrativa é preciso desenvolver uma postura profissional — criar uma imagem projetada para seus chefes, subordinados e colegas. Além disso, é preciso desenvolver uma marca pessoal — como você se difere de (e é superior a) outros que podem competir com você por promoção.

A essa visão geral se seguirá uma discussão detalhada sobre como é possível adquirir algumas das características mais importantes de um cargo de gestão:

- Capacidade básica de gerir processos: planejar, delegar e administrar o tempo;
- Aperfeiçoar sua capacidade de gerir pessoas: conhecer e motivar sua equipe;
- Aperfeiçoar sua oratória: preparar e fazer apresentações orais;
- Aprimorar suas habilidades de escrita: cartas profissionais, memorandos, relatórios e mensagens de e-mail.

Após falarmos sobre como se preparar para a promoção, discutiremos os passos para crescer na carreira. Esses passos incluirão:

- Progredir na empresa atual:
analisar oportunidades;
tornar-se visível;

transferência para um cargo diferente;
promoção.

- Fontes para buscar um novo emprego:
agências de emprego;
recrutadores de executivos;
conselheiros de emprego;
networking.
- Ferramentas para a busca de emprego:
redigir e usar currículos;
vender-se em uma entrevista.
- Mudar de carreira no meio do caminho:
tomando a decisão;
escolhendo a nova carreira.

Progredir na carreira pode ser uma experiência compensadora e estimulante. Você não só ganha financeiramente, como também melhora seu status na empresa e na comunidade. E o mais importante, sua satisfação com o trabalho será aumentada. Progredir profissionalmente não é uma tarefa fácil, mas se você realmente deseja ir em frente na área que escolheu, e estiver disposto a fazer o trabalho necessário, valerá muito a pena.

CAPÍTULO UM

Desenvolvendo uma postura profissional

Não importa quão estreito seja o portão,
Quão repleto de castigos seja o pergaminho,
Eu sou o mestre do meu destino;
Eu sou o capitão da minha alma.

WILLIAM E. HENLEY

Parafraseando William Shakespeare, algumas pessoas nascem para o sucesso, outros atingem o sucesso, e outros o têm atirado no colo. A maioria de nós não nasce para o sucesso e não o tem atirado no colo. É preciso alcançá-lo com bom planejamento, trabalho duro e, ainda mais importante, comprometendo-se a ser bem-sucedido em sua profissão. Não se pode depender dos outros para que alcancem o sucesso para você. É preciso assumir o controle de sua carreira desde os estágios iniciais e nunca perdê-lo.

O primeiro passo no caminho para o sucesso é criar uma imagem pessoal que projete seu compromisso com sua realização

Como fazer sua (próxima) carreira decolar

profissional. Sua imagem pessoal é a mensagem que você envia, e o comunicado que os outros recebem de você. Ela é refletida nos sinais que você emite para os outros com suas palavras e ações. É o modo pelo qual você quer sobressair na multidão e fazer as pessoas se lembrarem de você. Queremos ser conhecidos como aqueles que resolvem problemas, membros notáveis da equipe e agentes diplomáticos de mudança. Queremos ser vistos como educados, profissionais e amigáveis. Essa imagem não pode ser falsificada. Ela deve ser genuína e autêntica.

Desenvolvendo a autoconfiança

Um componente-chave para desenvolver e manter uma imagem pessoal forte é a confiança em si próprio. Alguns elementos da autoconfiança incluem:

Autoaceitação

A autoaceitação vem da capacidade de aceitar-se como ser humano imperfeito enquanto você se concentra em seus lados positivos — seus pontos fortes, suas qualidades e características positivas —, aqueles que tornam você quem você é. Quando seu foco está nessas áreas, tanto a confiança quanto a autoestima são influenciadas positivamente. É muito comum as pessoas se concentrarem nos pontos fracos e não nos fortes. Fazer isso produz mais mal do que bem. Você deve ajudar a si mesmo e aos outros a manter o foco nas qualidades positivas.

Desenvolvendo uma postura profissional

Elabore e imprima em sua mente, de maneira definitiva, uma imagem de si mesmo como bem-sucedido. Mantenha essa imagem com afinco. Nunca permita que ela desapareça. Sua mente tentará desenvolver a imagem... Não crie obstáculos em sua imaginação.

NORMAN VINCENT PEALE

Autorrespeito

A chave para desenvolver o autorrespeito é concentrar-se em seus êxitos passados e se respeitar pelo que fez bem-feito. É mais fácil remoer os fracassos. Os outros estão ansiosos demais por apontá-los para você. Sua perspectiva muda e sua confiança aumenta quando você passa um tempo contemplando seus sucessos.

Um exercício útil a fazer é criar um Inventário do Sucesso. Trata-se de uma lista de sucessos e conquistas durante toda sua vida. No início pode ser difícil criá-la, mas com persistência você pode continuar a acrescentar itens à sua lista e aumentar sua confiança. Comece com uma pasta de arquivo e insira nela símbolos e registros positivos de seus sucessos hoje. Eles podem incluir cartas de professores elogiando seu trabalho escolar, memorandos de empregadores sobre contribuições feitas em seu trabalho, e-mails de clientes e agradecimentos por bons serviços prestados, cartas de agradecimento de organizações sem fins lucrativos para as quais você contribuiu com tempo e esforço e documentos similares. Além disso, crie um diário em que possa registrar suas realizações e outros feitos do qual se orgulhe particularmente. Quando se sentir triste ou inadequado em uma situação atual, poderá ler esse arquivo e se lembrar de que foi bem-sucedido antes e que pode ser de novo.

Conversa interna

Todos nós nos engajamos em "conversas internas" — as coisas que repetimos para nós mesmos sobre nós mesmos. Quando você reúne mentalmente os elementos descritos até agora, cria uma "conversa interna" positiva apoiada em evidências, um argumento que se sustentaria sob escrutínio. Quanto mais forte e convincente for a evidência, mais crível e poderosa será a mensagem. Essa conversa interna positiva é uma ferramenta para recuperar o domínio da única coisa sobre a qual você deveria ter o máximo controle — seu pensamento.

Correr riscos

Também é possível desenvolver a autoconfiança ao se dispor a correr riscos. Você pode encarar novas experiências como oportunidades de aprender, em vez de enxergá-las como momentos de ganhar ou perder. Fazer isso deixa você aberto a novas possibilidades e pode aumentar sua autoestima. Não fazê-lo inibe seu crescimento pessoal e reforça qualquer crença de que uma nova possibilidade é uma oportunidade para o fracasso.

Desenvolvendo uma postura profissional

Primeiras impressões

As primeiras impressões são as que ficam. Como os seres humanos são muito visuais, mais da metade da impressão que causamos se baseia no que as pessoas veem.

Aparência

As pessoas julgam um livro pela capa. A impressão que causamos provavelmente será influenciada por nossa aparência. Isso não significa que é preciso ser um Adônis ou uma Afrodite para impressionar os outros, mas que deveríamos ser asseados, bem cuidados e nos vestir de maneira adequada.

A aparência conta, esteja você em uma entrevista para um novo emprego ou se reunindo pela primeira vez com executivos que podem determinar seu futuro. Sua aparência pode frustrar — ou aumentar — as expectativas. Roupas, cabelos, asseio e postura costumam ter grande impacto na primeira impressão.

Eis alguns dos modos pelos quais podemos garantir que a aparência causará uma boa impressão antes mesmo do primeiro aperto de mãos:

Escolha roupas conservadoras

Uma regra simples de seguir é que, em geral, é melhor ser conservador ao escolher o que vestir. Roupas incomuns que chamam atenção mais do que para quem as usa, devem ser evitadas. Certifique-se de que suas roupas são modernas. Nunca se esqueça de que cabelos penteados, sapatos engraxados, uso adequado de maquiagem e outros indicadores de boa aparência facilmente visíveis são imediatamente notados (consciente ou inconscientemente) pelas pessoas com quem você se encontra.

Evite uma aparência desleixada

Unhas sujas, axilas manchadas, punhos de camisas desgastados, cabelos em desalinho, barbas malcuidadas e sapatos surrados transmitem desleixo e mau julgamento.

Use trajes de negócios

Uma jovem recém-formada na universidade usou chinelos em uma entrevista de emprego para assistente de pesquisa de um hospital-laboratório. Sua futura supervisora a rejeitou, e quando a pessoa que encaminhou a candidata lhe perguntou o motivo, a supervisora comentou temer que ela não levasse o trabalho suficientemente a sério, citando seus chinelos informais.

Critique-se

Uma autoavaliação crítica pode corrigir ou evitar gafes. Você deveria examinar minuciosamente sua aparência na frente de

Desenvolvendo uma postura profissional

um espelho antes de ir ao encontro de pessoas que não conhece. Também deveria pedir a pessoas bem-sucedidas que opinem sobre sua aparência. Muitas estão disponíveis para dar conselhos sobre como você pode melhorar sua aparência e como vestir-se adequadamente para o tipo de pessoa ou organização que você irá encontrar.

Observe como as pessoas bem-sucedidas na empresa se vestem

Trajes e penteados adequados variam de acordo com o tipo de trabalho e o ramo. Por exemplo, pessoas na indústria da moda devem estar totalmente conscientes das últimas tendências e incorporá-las ao seu vestuário. Pessoas que trabalham na indústria de entretenimento tendem a se vestir mais casualmente e usar cortes de cabelos contemporâneos. Um designer gráfico indo a uma reunião de negócios com roupas esportivas provavelmente não causará espanto, mas um banqueiro vestido de maneira casual para uma reunião de negócios seria considerado inadequado.

Seja acessível

Quando você entra em uma sala cheia de executivos, clientes ou associados, cada pessoa intuitivamente se pergunta se você é acessível. Se a resposta for positiva, as conversas em que você se engajar serão iniciadas com facilidade e conforto. Você vai fazer novas amizades. Vai criar novas conexões. Mas se a res-

Como fazer sua (próxima) carreira decolar

posta for negativa, não haverá nenhuma conversa significativa. Consequentemente, você perderá oportunidades de estabelecer conexões e construir sua rede.

> *Imagine que cada pessoa que você encontra tenha uma placa ao redor do pescoço que diz: "Faça com que eu me sinta importante." Você não só será bem-sucedido nas vendas, como também na vida.*

> MARY KAY ASH, FUNDADORA DA MARY KAY COSMETICS

Primeira impressão pelo telefone

Frequentemente, nosso primeiro contato com outra pessoa é pelo telefone. Pode ser um cliente, um possível empregador, um candidato a um cargo em seu departamento ou sua equipe, ou um membro de uma agência governamental. A imagem que você projeta pelo telefone pode influenciar o modo como você ou a empresa que você representa é vista por essa pessoa.

Jennifer estava aborrecida. A máquina de lavar que comprara apenas um mês antes havia quebrado. Ela telefonou para a loja e pediu para falar com o gerente. Depois de seis toques, a chamada foi atendida:

Jones'Appliances, por favor, aguarde.

Ela esperou pelo que pareceu uma eternidade. Justamente quando estava prestes a desligar e ligar de novo, o atendente voltou à linha:

Desenvolvendo uma postura profissional

— Jones'Appliances, em que possa ajudá-la?

— Por favor, posso falar com o gerente?

— Para quê?

— Eu comprei uma máquina de lavar há um mês e ela quebrou.

— Você não precisa falar com o gerente. Vou transferi-la para o serviço de atendimento ao cliente.

Após outra longa espera, o representante do serviço finalmente atendeu. No meio da explicação de Jennifer, ele a interrompeu:

— Sinto muito, não podemos ajudá-la. Você tem de procurar o fabricante. O endereço está na garantia do aparelho. — E, sem esperar por uma resposta, desligou. É improvável que Jennifer volte a comprar qualquer coisa naquela loja.

Para causar uma boa impressão pelo telefone, atenda-o prontamente. Se você trabalha no atendimento ao cliente e sabe que a pessoa terá de esperar, programe o telefone para avisá-la de que ainda está na linha, e lhe dê a opção de continuar a esperar ou pedir que lhe retornem a ligação. Quando falar com a pessoa, faça-a saber que a queixa ou mensagem foi totalmente explicada. Se não puder ajudar, dê-lhe o máximo de informações que puder para que possa obter a ajuda necessária. Antes de desligar, pergunte se ela dispõe de todas as informações de que precisa ou o que mais você pode fazer para resolver seu problema. Não se esqueça de dizer "obrigado(a)" antes de desligar.

Como fazer sua (próxima) carreira decolar

Sua correspondência também cria primeiras impressões

Quando Warren foi a um seminário sobre administração do tempo, disseram-lhe que o tempo gasto escrevendo cartas comerciais poderia ser bastante reduzido se ele simplesmente anotasse a resposta no fim da carta recebida e a enviasse de volta. Warren pôs essa ideia em prática imediatamente. Com certeza poupou tempo, mas isso prejudicou a imagem de sua empresa. Acompanhando um possível cliente a quem havia respondido dessa maneira, soube que ele havia desistido de fazer negócios com sua empresa porque considerou a resposta à sua pergunta "pouco profissional".

Sua correspondência representa você para o público. Seu papel timbrado deveria representar a imagem que você quer apresentar. Erros de ortografia ou digitação podem ser interpretados como indicadores de uma operação descuidada ou ineficiente. Leitores inteligentes detectam prontamente uma escolha ruim de palavras ou erros gramaticais. Releia a correspondência antes de enviá-la e certifique-se de que todos os textos estejam livres de erros. Não dependa do corretor ortográfico de seu computador, porque ele não assinalará palavras escritas por engano (por exemplo, se você digitar "oi" em vez de "ou").

Sempre revise o texto antes de assiná-lo e enviá-lo.

Uma primeira impressão ruim é difícil de mudar. Se uma impressão negativa ou indesejável for causada no primeiro contato, poderá permear todas as relações com a outra parte

Desenvolvendo uma postura profissional

durante anos. É preciso um pouco de reflexão e esforço para estabelecer uma base para criar boas impressões, mas o esforço vale a pena.

No ambiente atual de alta tecnologia, o primeiro contato com alguém frequentemente é por e-mail, uma rede social, website pessoal ou da empresa. Discutiremos mais sobre como usar a tecnologia em benefício da carreira no Capítulo Oito.

Declaração de Marca Pessoal

Quando conhecemos alguém, uma das primeiras coisas que a **maioria das** pessoas pergunta é: "O que você faz?" Essa é sua chance de fazer uma Declaração de Marca Pessoal.

Sua Declaração de Marca Pessoal apresenta suas habilidades e seus pontos fortes individuais, os combina com seus interesses e identifica sua promessa de valor singular para seus ouvintes, sejam clientes, funcionários, colegas, possíveis empregadores ou outros contatos importantes. Para preparar sua Declaração de Marca Pessoal, você deve se perguntar:

Quais são suas qualidades ou características que o destacam dos outros em sua área?

O que seus clientes ou colegas diriam que é seu ponto mais forte?

O que você faz que agrega ou traz valor distintivo mensurável e notável para outras pessoas e organizações?

Como fazer sua (próxima) carreira decolar

> *Independentemente de nossa idade, nossa posição ou do negócio em que estamos, todos nós precisamos entender a importância da marca. Somos CEOs de nossa própria empresa: Eu Ltda. Para estar no negócio atualmente, nosso trabalho mais importante é ser diretor de marketing da marca chamada Você.*
>
> Tom Peters

Links de construção de relacionamentos

O objetivo das conversas informais é quebrar o gelo e criar harmonia. Sem harmonia, não há nenhuma base para desenvolver um relacionamento. Estabeleça o objetivo de passar oitenta por cento do seu tempo ouvindo e vinte por cento falando. Como escreveu Dale Carnegie: "Torne-se genuinamente interessado na outra pessoa. Seja um bom ouvinte e incentive os outros a falar sobre si mesmos."

Os itens a seguir são dicas para ser bem-sucedido em uma conversa com um novo parceiro de negócios.

Aperto de mão

Quando apresentado a alguém, é apropriado cumprimentar com um aperto de mão. Um cumprimento firme — mas não de esmagar os ossos — causa uma boa impressão. Sorria e olhe

Desenvolvendo uma postura profissional

diretamente para a outra pessoa. Repita o nome dela e se interesse sinceramente pelo que ela está dizendo.

Faça observações positivas

Pergunte sobre o evento em que estão ou sobre as circunstâncias. "O orador não foi incrível?", ou "Como você acha que foi a reunião hoje?".

Encontre um denominador comum

Pergunte: "O que trouxe você aqui?" Em geral, a outra pessoa compareceu ao evento pelo mesmo motivo que você.

Pergunte sobre negócios

Se não souber em que ramo de negócios alguém atua, você pode lhe perguntar. Demonstre interesse genuíno e faça perguntas que exijam respostas discursivas sobre algum aspecto daquele negócio que seja de seu interesse particular.

Apresentem-se

Depois de um pouco de conversa informal, diga à pessoa, de modo cortês, quem você é. É nesse ponto que você pode usar sua Declaração de Marca Pessoal e a "autopublicidade", que será detalhada no Capítulo Dois.

Troquem cartões de visita

Ao concluírem a conversa, troquem cartões de visita e, se apropriado, convide a pessoa a se conectar com sua rede de negócios on-line.

Note que seu cartão de visita pode ser parte de sua marca pessoal. Mesmo usando formatos tradicionais, é possível acrescentar um toque pessoal. Mas, a menos que você trabalhe na área de propaganda ou em algo relacionado a esta, evite cartões de visita chamativos.

Ao dar um cartão de visita:

Esteja preparado. Tenha sempre à mão um estoque de cartões de visita.

Apresente o cartão de um jeito que demonstre o valor que ele agrega.

Acrescente um detalhe pessoal, como um número particular, um apelido etc.

Apresente-o com as letras viradas para cima e na direção da outra pessoa.

Ao receber um cartão de visita:

Pare e leia o cartão.

Leia o título da pessoa e comente sobre isso.

Comente sobre o design, se é único ou de algum modo criativo.

Desenvolvendo uma postura profissional

Faça uma pergunta que demonstre seu interesse.

Verifique se o cartão contém um número de celular — caso contrário, solicite-o.

Escreva no verso a data e o local e uma breve nota sobre o encontro.

Insira a informação em seu sistema de gerenciamento de contatos.

Depois, envie a informação conectando a pessoa à sua rede.

Despeça-se de maneira positiva

Para terminar uma conversa gentilmente, diga "Foi um prazer conhecer você, (nome da pessoa); talvez possamos nos encontrar de novo em breve", ou "Foi ótimo conhecer você, (nome); amanhã vou lhe enviar o link para minha rede de negócios on-line".

Mantendo bons relacionamentos

Causar uma boa primeira impressão é apenas o pontapé inicial para criar a postura profissional que determinará como você será percebido pelos outros. É preciso estar constantemente atento a como você parece, age e se relaciona com todos com quem tem contato. Além disso, você deve ser capaz de observar e entender o que os outros estão projetando na relação de vocês.

Como fazer sua (próxima) carreira decolar

Eis algumas diretrizes que ajudam a manter uma imagem profissional.

Sete comportamentos construtivos que nos fazem progredir

1. Seja confiável e guarde segredos. Entenda quando é apropriado ou não revelar conversas e estratégias da administração sênior.
2. Desenvolva uma política de "porta aberta". Dê total atenção aos outros quando falarem e os encoraje a expressar suas preocupações, seus interesses e as barreiras que os impedem de ser bem-sucedidos. Encoraje-os e elogie-os com frequência.
3. Sempre demonstre boas maneiras e capacidade de ouvir, use linguagem apropriada e mostre coerência entre palavras e ações.
4. Construa relações positivas internas e externas com clientes e fornecedores.
5. Seja confiante, dinâmico e empreendedor. Preveja desafios e opções para vencê-los. Hoje ouvimos falar em pessoas que "exigem muita atenção" ou "pouca atenção". Queremos ser vistos na segunda categoria — aqueles que assumem responsabilidades apropriadamente e não criam problemas sem um motivo excepcional.
6. Conduza reuniões eficientes e com foco, e forneça observações detalhadas para todos os envolvidos.
7. Seja confiável, consistente e responsável.

Desenvolvendo uma postura profissional

Sete comportamentos destrutivos que nos puxam para baixo

1. Ser incapaz de guardar segredos de colegas, colaboradores e em relatórios diretos.
2. Ficar olhando para o relógio, fazer intervalos excessivos e inapropriados e deixar tarefas urgentes por fazer e mensagens sem resposta.
3. Não apresentar seu ponto de vista para a administração sênior antes de uma decisão ser tomada.
4. Insistir em seu ponto de vista depois de uma decisão ter sido tomada.
5. Usar roupas e linguagem inadequadas e demonstrar insensibilidade às questões de diversidade.
6. Não participar de discussões com a administração sênior e a equipe.
7. Não ser capaz de se recuperar imediatamente e se recompor depois de um momento frustrante ou difícil.

Lendo as pistas não verbais das pessoas

Todos nós transmitimos informações com mais do que as palavras que usamos. O que se diz é frequentemente modificado pelo modo como se usa o corpo. As expressões faciais, os gestos e o modo de sentar ou ficar em pé transmitem uma mensagem. Não seria ótimo se pudéssemos comprar um dicionário de linguagem corporal para ver o significado de cada gesto ou expressão? Então poderíamos interpretar o que todos estão realmente dizendo.

Como fazer sua (próxima) carreira decolar

Algumas pessoas tentaram escrever esses "dicionários", listando vários "sinais" diferentes e lhes atribuindo significados. Por exemplo, alguém coça o queixo. O que isso pode significar? "Ah! Eu sei. A pessoa está refletindo sobre a situação." De fato, ela pode muito bem estar, mas isso também poderia significar que não se barbeou de manhã e está com coceira no queixo. Alguns "especialistas" dizem que essa expressão significa que a pessoa está se contendo, nos bloqueando, nos rejeitando. Besteira! Olhe para uma sala lotada em uma aula, uma palestra ou um espetáculo teatral. Note que muitas dessas pessoas estão sentadas com os braços cruzados. Isso significa que elas estão rejeitando o professor ou os atores? É óbvio que não! Esse é um modo confortável de se sentar, e se estivermos com frio, essa posição nos mantém aquecidos. Por outro lado, se no meio de uma conversa a outra parte subitamente cruzar os braços, isso poderia significar que ela está discordando de nós nesse ponto.

Não há nenhuma linguagem corporal universal

Embora não haja nenhuma linguagem corporal sujeita a interpretação, isso não significa que o corpo não possa ser lido. Cada um de nós tem seu próprio modo de expressar ideias e sentimentos. Por quê? A linguagem corporal é, em grande parte, uma característica adquirida. Nós tendemos a imitar outras pessoas, e nossa linguagem corporal costuma ser adquirida de nossos pais. Com frequência, está intimamente ligada à nossa cultura. Por exemplo, dois garotos nasceram em Detroit, Mi-

Desenvolvendo uma postura profissional

chigan, mas suas famílias imigraram para os Estados Unidos de dois países diferentes. Uma veio de um país em que o modo comum de se expressar era gesticulando. O garoto dessa família não conseguia falar sem usar as mãos. A outra veio de um país em que ninguém gesticulava, exceto quando sentiam fortes emoções. Os dois meninos se conheceram no ensino fundamental. O primeiro garoto estava discutindo uma situação de seu modo usual — gesticulando muito. O segundo garoto pensou: "Meu Deus, como ele está animado com isso!" Então, respondeu de seu costumeiro modo calmo, e o primeiro garoto pensou "Ele nem mesmo está interessado."

A história a seguir demonstra outra maneira pela qual diferenças culturais afetam o modo como usamos a comunicação não verbal. Quando o dinheiro da cantina de uma escola de ensino fundamental de Nova York foi roubado, o diretor conversou com todos os alunos que tiveram acesso à caixa registradora. Depois das conversas, ele determinou que quem havia roubado era uma garota latino-americana e a suspendeu. Uma assistente social foi falar com o diretor sobre o caso e perguntou por que ele achava que ela era a ladra. Ele respondeu: "Todos os outros alunos me olharam diretamente nos olhos e afirmaram que não tinham feito isso. Essa garota não me olhou nos olhos. Ficou olhando para seus pés durante toda a conversa. Obviamente, ela é culpada."

A assistente social o informou de que uma garota latino-americana bem-educada aprende a nunca olhar direto no rosto de uma figura tão importante quanto um diretor, mas a

Como fazer sua (próxima) carreira decolar

olhar modestamente para o chão ao falar com ele. O comportamento da garota era fruto de sua formação cultural e tinha sido mal interpretado pelo diretor.

De igual modo, os padrões de linguagem corporal podem ser determinados por hábitos familiares. Quando alguém fala com um membro da família de Nicole, é premiado com frequentes meneios de cabeça. A maioria de nós os interpretaria como concordância conosco. Mas, como salientou ao ser indagada a esse respeito, tudo o que isso significava era que a pessoa estava ouvindo o que era dito.

Estude como cada pessoa dá pistas não verbais

Se a linguagem corporal é um aspecto importante da comunicação, há algum modo de aprendermos a interpretá-la? Não há nenhuma abordagem cem por cento precisa para a leitura da linguagem corporal, mas é possível aprender a interpretar razoavelmente boa parte das ações e reações não verbais de uma pessoa conhecendo-a. Quando se lida repetidamente com a mesma pessoa, pode-se aprender a ler sua linguagem corporal por meio de uma observação cuidadosa. Notamos que quando Claudia concorda conosco ela tende a se inclinar para frente, e quando Paul concorda, inclina a cabeça para a direita. Observamos que Nicole assente com a cabeça, não importa o que digamos — mas, quando ela não tem certeza de algo, fica com um olhar intrigado no rosto, embora esteja assentindo.

Desenvolvendo uma postura profissional

Se você fizer cuidadosas anotações mentais sobre cada uma das pessoas com quem se comunica, será capaz de entender e interpretar corretamente suas pistas não verbais. Depois de algum tempo, poderá observar que alguns gestos ou expressões são mais comuns entre as pessoas com quem você conversa do que entre outras. A partir daí, poderia fazer algumas generalizações ao lidar com pessoas novas, mas é preciso tomar cuidado para não dar muito crédito a interpretações generalizadas — é melhor ter bastante experiência com alguém antes de fazer suposições sobre o que sua linguagem corporal transmite.

Quando a linguagem corporal parece contradizer ou distorcer o significado das palavras que estão sendo ditas, ou se você não tiver certeza sobre o significado daquele sinal, faça uma pergunta. Instigue a pessoa a verbalizar o verdadeiro significado. Com uma boa pergunta é possível suprimir as dúvidas que as ações não verbais criaram e então lidar com elas.

Por fim, você deve estar totalmente consciente de sua própria linguagem corporal. Moderação é a regra. Se uma linguagem corporal positiva for usada em demasia, o resultado poderá ser negativo, fazendo com que você seja considerado insincero.

Capacidade de ouvir

Para que qualquer interação entre pessoas seja produtiva, é essencial que ambos os participantes ouçam. Devemos dar total

Como fazer sua (próxima) carreira decolar

atenção à outra pessoa, mas também saber se ela está realmente nos ouvindo. Em primeiro lugar, pergunte a si mesmo se você se encaixa em uma ou mais dessas categorias e, caso se encaixe, siga as dicas recomendadas para corrigir isso. Em segundo, tente determinar se a outra pessoa se encaixa na categoria e siga as dicas que podem fazer com que ela realmente ouça o que você está dizendo.

> *Seja um bom ouvinte. Seus ouvidos nunca lhe causarão problemas.*

> FRANK TYGER, COMENTARISTA EDITORIAL

Sete tipos de ouvintes

Há muitos tipos de ouvinte. Eis um modo como eles podem ser caracterizados.

1. *Os Preocupados*. Essas pessoas parecem apressadas e estão constantemente olhando ao redor ou fazendo outra coisa. Não conseguem se sentar quietas e ouvir. *Dica:* se você é um ouvinte preocupado, deve deixar de lado o que está fazendo quando alguém estiver falando com você. *Dica:* se estiver lidando com um ouvinte preocupado, você deve perguntar "Este é um bom momento?" ou dizer "Preciso de total atenção por apenas um instante". Comece com uma frase que atraia a atenção da pessoa, seja breve e chegue rapidamente ao ponto principal, porque a capacidade de atenção dela é curta.

Desenvolvendo uma postura profissional

2. *Os Distraídos*. Eles estão presentes fisicamente, mas não mentalmente. Podemos dizer isso pelo olhar vazio em seus rostos. Ou estão devaneando ou pensando em tudo, menos no que estamos dizendo. *Dica:* se o distraído for você, perceba quando tiver parado de ouvir. Fique alerta, mantenha contato visual, incline-se para frente e demonstre interesse fazendo perguntas. *Dica:* se o distraído for a outra pessoa, de vez em quando pergunte se ela está entendendo o que você está dizendo. Como com o preocupado, comece com uma frase que atraia a atenção da pessoa, seja conciso e vá direto ao ponto, porque a capacidade de atenção dela é curta.

3. *Os Interrompedores*. Eles estão prontos para se manifestar a qualquer momento, esperando uma pausa para completar nossas frases para nós. Não estão nos ouvindo, mas focados em dizer o que querem. *Dica:* se o interrompedor for você, peça desculpas sempre que perceber que está interrompendo. Isso o tornaria mais consciente do que está fazendo. *Dica:* se você estiver falando com interrompedores, pare imediatamente quando eles se manifestarem e os deixe falar, ou nunca o ouvirão. Quando terminarem, diga "Como eu estava dizendo..." para chamar a atenção deles para a interrupção e voltar ao que você estava dizendo.

4. *Os Tanto Faz*. Eles permanecem indiferentes e demonstram pouca emoção ao ouvir. Dão a impressão de que não poderiam se importar menos com o que estamos dizendo. *Dica:* se o tanto faz for você, concentre-se em toda a mensagem, não apenas

Como fazer sua (próxima) carreira decolar

na mensagem verbal. Faça questão de ouvir com os olhos, os ouvidos e o coração. *Dica:* se você estiver lidando com um tanto faz, dramatize suas ideias e lhe faça perguntas para envolvê-lo na conversa.

5. *Os Combativos.* Eles estão armados e prontos para a guerra. Gostam de discordar e culpar os outros. *Dica:* se o ouvinte combativo for você, faça um esforço para se colocar no lugar de quem está falando e entender, aceitar e encontrar mérito em seu ponto de vista. *Dica:* para lidar com ouvintes combativos, olhe para frente em vez de para trás quando eles discordarem ou culparem alguém. Fale sobre como poderíamos combinar em discordar, ou o que pode ser feito de um modo diferente da próxima vez.

6. *Os Analistas.* Eles estão sempre no papel de conselheiros ou terapeutas, prontos para fornecer respostas mesmo quando não lhes pedimos sua opinião. Acham que são ótimos ouvintes e adoram ajudar. Estão sempre em um estado mental analítico e no "modo de correção". *Dica:* se o analista for você, aprenda a relaxar e entender que nem todos estão em busca de uma resposta, uma solução ou um conselho. Algumas pessoas apenas gostam de partilhar ideias com os outros para ajudá-las a ver elas mesmas as respostas mais claramente. *Dica:* se estiver lidando com um ouvinte analista, você poderia começar dizendo "Só preciso desabafar. Não estou em busca de nenhum conselho".

Desenvolvendo uma postura profissional

7. Os Engajados. Eles são ouvintes conscientes. Ouvem com os olhos, os ouvidos e o coração, e tentam se colocar no lugar de quem está falando. Isso é escuta no mais alto nível. Sua capacidade de ouvir encoraja o orador a continuar falando e dá a ele a oportunidade de descobrir suas próprias soluções e desenvolver suas ideias. Deveríamos ter como objetivo nos tornar ouvintes engajados.

Princípios da escuta

Para melhorar suas habilidades de escuta:
1. Mantenha contato visual com a pessoa que está falando.
2. Seja sensível ao que não está sendo dito.
3. Observe a linguagem corporal em busca de mensagens incongruentes.
4. Pratique a paciência; fale apenas quando a outra pessoa terminar.
5. Não interrompa, não complete a frase de quem está falando ou mude de assunto.
6. Preste atenção para aprender; finja que haverá um questionário no fim da conversa.
7. Esclareça quaisquer dúvidas depois que a pessoa completar seus pensamentos.
8. Certifique-se de que entendeu o que foi dito parafraseando o que ouviu.
9. Não tire conclusões precipitadas ou faça suposições.

Como fazer sua (próxima) carreira decolar

10. Pratique a pura escuta; remova todas as distrações.
11. Ao falar, tente ver as coisas da perspectiva dos ouvintes.

Temos dois ouvidos e uma boca para que possamos
ouvir duas vezes mais do que falar.

Epíteto

Dando e recebendo feedback construtivo

Um tipo de comunicação que é difícil para muitos de nós é fazer e receber críticas. Como a crítica por si só não é particularmente útil, vamos nos concentrar em feedback construtivo — que é uma informação prática destinada a ajudar alguém a fornecer um melhor serviço ou melhorar seu desempenho. O feedback é um processo bidirecional. Com ele, oferecemos instruções, opiniões, ideias ou críticas à outra pessoa; ou a outra pessoa nos oferece informações similares. Como podemos garantir que estamos recebendo o que essa pessoa está enviando ou vice-versa? Eis algumas dicas para efetivamente dar e receber gentilmente feedback construtivo.

Dando feedback construtivo

1. Inteire-se de todos os fatos.
2. Lide com a situação rapidamente e de modo reservado.

Desenvolvendo uma postura profissional

3. Concentre-se no ato ou comportamento, não na pessoa.
4. Faça um elogio sincero à pessoa antes de discutir a área a ser melhorada.
5. Primeiro demonstre empatia e depois faça a crítica. Revele seus próprios erros parecidos e diga à pessoa o que fez para corrigi-los.
6. Confirme suas próprias intenções ao se engajar no processo de feedback. Deixe nítido que está sinceramente interessado em ajudar a pessoa com quem está falando.
7. Use suas habilidades de relações humanas. Não ordene; em vez disso, faça sugestões.
8. Mostre o benefício de mudar de comportamento.
9. Termine com uma nota amigável e concorde sobre como seguir em frente.

Recendo feedback construtivo

1. Permaneça calmo e ouça a pessoa sem interrompê-la.
2. Confirme que entende a situação.
3. Esteja aberto ao autoaperfeiçoamento e à mudança.
4. Acredite que a pessoa que está dando o feedback tem boas intenções.
5. Não reaja na defensiva.
6. Não dê desculpas; apenas apresente fatos.
7. Agradeça à pessoa pelo feedback.
8. Concorde em como seguir em frente.

Como fazer sua (próxima) carreira decolar

Resumo

- Enviamos sinais nas interações com os outros, e a maneira como esses sinais são recebidos determina como somos percebidos e como as pessoas se lembrarão de nós.
- Um componente-chave para desenvolver e manter uma imagem pessoal forte é a autoconfiança.
- As primeiras impressões são as que ficam. Como os seres humanos são muito visuais, mais da metade da impressão que causamos se baseia no que as pessoas veem.
- Uma Declaração de Marca Pessoal apresenta suas habilidades e seus pontos fortes individuais, combina-os com seus interesses e identifica sua promessa singular de valor para seus ouvintes, sejam clientes, funcionários, colegas, possíveis empregadores ou outros contatos importantes.
- Seu cartão de visita pode refletir sua individualidade, assim como os serviços que você fornece. Acrescente um toque pessoal e seja memorável.
- Causar uma boa primeira impressão é apenas o pontapé inicial para criar a postura profissional que determinará como você será percebido pelos outros. É preciso estar constantemente atento a como você parece, age e se relaciona com todos com quem tem contato.
- Primeiras impressões são causadas pela maneira como se usa o telefone e se administra a correspondência comercial.

Desenvolvendo uma postura profissional

- Pessoas bem-sucedidas aprendem a usar sua linguagem corporal mais eficazmente e a ler a linguagem corporal dos outros.
- Faça questão de ouvir atentamente as pessoas, independentemente de seus cargos, suas posições ou dos níveis de importância que você atribui a elas.

CAPÍTULO DOIS

Desenvolvendo sua marca pessoal

Para progredir profissionalmente, é essencial aderir a um conjunto de padrões. Esses padrões o guiarão em seu modo de viver, agir e reagir no trabalho — sua marca pessoal. Sua imagem deve se basear nisso. Os sinais que você envia para seus chefes, subordinados, colegas, clientes e todos com quem interage no trabalho devem indicar que você está alinhado com sua marca pessoal.

Declarações de visão e missão

A maioria das grandes empresas tem declarações de visão e missão. E assim como uma empresa desenvolve sua marca reconhecível, suas declarações de visão e missão podem ajudar a desenvolver sua marca pessoal.

O modo mais eficaz que conheço de começar com o objetivo em mente é desenvolver uma declaração de missão pessoal, filosofia ou credo. Ele se concentra no que você deseja ser (caráter) e fazer (contribuições e conquistas), e nos valores ou princípios nos quais o ser e o fazer estão baseados.

STEPHEN COVEY

Afirmações de visão

A afirmação de visão tipicamente representa a imagem ideal de uma organização ou equipe. Ela expressa o objetivo máximo e o motivo de sua existência. Infelizmente, poucos indivíduos dedicam tempo a criar uma afirmação de visão para si mesmos. Ao desenvolver uma afirmação de visão pessoal, pense no que em última análise você esperaria obter como resultado de seus esforços. Essa é uma afirmação do quadro geral. É possível obter algumas diretrizes para criar suas afirmações de visão examinando as de algumas empresas proeminentes.

Westin Hotels: "Ano após ano, a Westin e seus funcionários são considerados o melhor e mais requisitado grupo de gerenciamento de hotéis e resorts da América do Norte".

Alcoa: "Nossa visão é ser a melhor empresa do mundo — aos olhos de nossos clientes, nossos acionistas, nossas comunidades e da população. Esperamos e buscamos o melhor que temos a oferecer sempre tendo em mente os valores da Alcoa."

Desenvolvendo sua marca pessoal

General Motors: "Nossa visão é ser o líder global em produtos de transporte e serviços relacionados. Nossos clientes ficarão entusiasmados com o aperfeiçoamento contínuo promovido pela integridade, cooperação e inovação das pessoas da GM."

IKEA: "Nossa visão é melhorar a vida diária de muitas pessoas. Tornamos isso possível oferecendo uma ampla variedade de móveis funcionais para o lar a preços tão baixos que o máximo possível de pessoas poderá comprar."

Criando sua afirmação de visão pessoal

Muitas pessoas sonham com o que gostariam de fazer com a própria vida. Poucas realmente transformam esse sonho em uma afirmação de visão pessoal. Isso não significa que você deve transformar todas as suas fantasias em sua visão. A menos que se tenha talentos muito específicos, é improvável que o sonho de fazer o gol vencedor na Copa ou atuar em um filme de sucesso seja sua visão. Você deveria construir sua visão sobre uma base realista dentro de suas capacidades. A afirmação de visão pode ser voltada para a carreira ou outro objetivo na vida. Uma declaração de visão pessoal descreve sua visão de futuro — suas esperanças e seus sonhos — e evoca uma sensação de conquista e realização.

Alguns exemplos:

Como fazer sua (próxima) carreira decolar

Um aluno de MBA na Universidade de Columbia: "Quando eu entrar no mundo dos negócios, assumirei o compromisso de dedicar todo meu tempo e toda minha energia a aprender o máximo possível sobre meu trabalho para me tornar digno de progredir em minha carreira."

Um empreendedor bem-sucedido de 50 anos: "Nos últimos 25 anos, eu me dediquei a me tornar um executivo de negócios lucrativo e bem-sucedido. Minha visão para a próxima fase de minha vida é treinar outras pessoas para me substituírem, de modo que eu possa dedicar meu tempo ao trabalho filantrópico."

Um artista comercial: "Para acompanhar as mudanças tecnológicas na minha área, eu me vejo aprendendo e me especializando em programas de computador que aprimorarão minhas capacidades artísticas."

Declarações de missão

A declaração de missão pressupõe a implementação da visão. Ela descreve sucintamente o que deve acontecer para que a organização, a equipe ou o indivíduo alcance a visão. Flui diretamente da declaração de visão e afirma como ela será realizada. Deve ser específica — e, portanto, exclusivamente de sua organização, sua equipe ou de si mesmo. A declaração de missão deve ser fácil de entender, realista e mensurável.

Eis alguns exemplos de declarações de missão de empresas:

Westin Hotels: "Para realizar nossa visão, nossa missão deve ser exceder as expectativas de nossos clientes, que definimos como hóspedes, parceiros e colegas de trabalho."

FedEx: "A FedEx está comprometida com a filosofia 'pessoas, serviço, lucro'. Produziremos notáveis retornos financeiros fornecendo transporte aéreo e terrestre global competitivamente superior e totalmente confiável de bens e documentos de alta prioridade que exigem entrega rápida e pontual."

Aflac: "Combinar marketing estratégico agressivo com produtos e serviços de qualidade a preços competitivos para oferecer o melhor valor de seguro para consumidores."

Harley-Davis: "Nós realizamos sonhos com a experiência de motociclismo, fornecendo aos motoqueiros e ao público em geral uma crescente linha de motos e produtos da marca em segmentos de mercado selecionados."

Microsoft: "Na Microsoft, trabalhamos para ajudar pessoas e empresas no mundo inteiro a realizar todo o seu potencial. Essa é a nossa missão. Tudo que fazemos reflete essa missão e os valores que a tornam possível."

> *Todos têm uma vocação ou missão específica na vida...*
> *Por isso ninguém pode ser substituído nem ter sua vida*
> *repetida. Assim, a tarefa de cada um é tão única quanto*
> *a oportunidade específica de implementá-la.*

VICTOR FRANKL, FILÓSOFO E ESCRITOR

Como fazer sua (próxima) carreira decolar

Criando suas próprias declarações de missão

Ao escrever sua própria declaração de missão, seja específico quanto ao que deseja realizar. Considere usar palavras de ação, como:

Encorajar

Colaborar

Desenvolver

Produzir

Envolver

Apoiar

Mudar

Enfatizar

Expandir

Alguns exemplos de declarações pessoais de missão:

Dr. Arthur R. Pell, consultor de recursos humanos e escritor: "Meu objetivo é propiciar às pessoas uma vida produtiva e gratificante ensinando-lhes as abordagens mais eficientes para o autodesenvolvimento e as relações interpessoais, por meio de meu aconselhamento pessoal, ensinamento e escrita."

Lisa Silverman, nutricionista: "Eu me comprometo a encorajar o máximo de pessoas que puder a trocar seus hábitos alimentares por um programa nutricional bem equilibrado por meio de meu boletim informativo, programa de rádio e aconselhamento pessoal."

Desenvolvendo sua marca pessoal

Larry MacDonald, executivo de marketing: "Minha missão é progredir em minha carreira usando minhas habilidades criativas para promover os produtos ou serviços de meus empregadores, a fim de que expandam seus mercados, aumentem seus lucros e sirvam a seus clientes do modo mais eficaz."

Escreva sua declaração

Antes de ler o restante deste capítulo, dedique um tempo para criar declarações de visão e missão que reflitam melhor sua imagem pessoal.

Depois de escrever:

1. Leia-as em voz alta. Essas são declarações verdadeiras de como você se vê?
2. Envie as declarações por e-mail para alguns amigos ou colegas que conheçam seu trabalho para que as revisem e comentem.
3. Avalie as reações e faça ajustes pertinentes.

Viva eticamente

Um fator-chave na marca pessoal é o código ético pessoal. Ele define os padrões de certo e errado, ajuda a resistir a tentações e se torna a base para a tomada de boas decisões éticas.

Seus valores determinam o que é bom e o que é ruim. Sua ética determina *fazer* o que é bom e *evitar* o que é ruim. A ética envolve um conjunto de padrões que diz como você deveria se comportar. Nenhuma pessoa com fortaleza de caráter vive sem um código ético.

Mas ética é mais do que fazer o que se *deve* fazer. É fazer o que *deveria* ser feito. Como agir honradamente às vezes significa não fazer o que se quer fazer, a ética exige autocontrole.

A ética envolve ver a diferença entre certo e errado, e um compromisso de fazer o que é certo, bom e honrado. Você deve se perguntar se está disposto a pagar o preço de fazer uma escolha antiética. Você está disposto a sacrificar orgulho, integridade, reputação e honra fazendo uma escolha antiética?

> *Do entendimento certo procede o pensamento certo; do pensamento certo procede o discurso certo; do discurso certo procede a ação certa; da ação certa procede a vida certa; da vida certa procede o esforço certo; do esforço certo procede a consciência certa; da consciência certa procede a concentração certa; da concentração certa procede a sabedoria certa; da sabedoria certa procede a liberdade certa.*

O caminho para a liberdade de Buda

Seu código ético pessoal

Não há limite para um código ético — ele pode ser simples, de apenas uma página, ou conter muitos parágrafos de pensamentos e intenções pessoais.

Eis algumas diretrizes para você desenvolver seu código ético pessoal:

Desenvolvendo sua marca pessoal

1. Estabeleça limites razoáveis de conduta moral. A palavra-chave é *razoáveis*. Ninguém gosta de regras ou diretrizes rígidas.
2. Tenha um objetivo claro por trás dos limites. Explique e reforce o "porquê" por trás de "o que". "Porque eu mandei" não funcionava quando éramos crianças, e tampouco funciona agora.
3. Comunique os limites de maneira positiva e mantenha o foco no que fazer em vez de no que "não fazer". Por exemplo, "guarde segredo" em vez de "não conte para ninguém".
4. Dê aos outros uma oportunidade de contribuir para o processo de estabelecer limites adequados no local de trabalho. Frequentemente os subordinados criam limites mais rígidos que os gestores.
5. Reforce os limites. Tenha a coragem de apoiá-los. Os limites deveriam ser reforçados constante e adequadamente.

Tomada de decisão ética

Nós fazemos escolhas todos os dias. A maioria das decisões diárias não necessariamente envolve certo ou errado; em vez disso, envolve prioridades, eficiência, planejamento e gestão de recursos. Contudo, também é preciso tomar decisões que envolvem certo e errado dentro de limites éticos. Essas situações frequentemente são sujeitas à pressões temporárias, emocionais e complicadas. É fácil ser surpreendido por tentações. Costumamos ser forçados a fazer escolhas éticas de maneira reativa.

Como fazer sua (próxima) carreira decolar

O meio de uma situação eticamente sensível é o pior momento para tentar determinar seus padrões éticos. Você tem de rever a informação, prever consequências, pensar nos outros e administrar suas emoções; depois, agir. As decisões éticas podem ocorrer rapidamente, mas as consequências podem durar uma vida inteira. É por isso que é importante uma cuidadosa reflexão. Um código ético pode ajudar. Ele determina o rumo de nossa vida.

Você deve pensar no impacto da ação em todos os acionistas — todas as pessoas afetadas por uma decisão. Antes de fazer alguma coisa, determine quem provavelmente será favorecido ou prejudicado pela ação que está sendo considerada. Se alguém será prejudicado, como você pode evitar ou reduzir o dano? Boas perguntas para fazer para si mesmo são: "E se os papéis fossem invertidos? Como eu me sentiria no lugar de um dos acionistas?"

Seu código ético estabelece as regras básicas para sua vida. Pese escolhas e opções para determinar se estão de acordo com seu código ético. É óbvio que as ações que geram confiança e respeito e demonstram um senso de responsabilidade, justiça e serviço comunitário são mais importantes do que ações movidas por dinheiro, poder ou desejo de popularidade. De igual modo, ações que visam o longo prazo com frequência são mais importantes do que as que visam retornos imediatos. Pergunte-se: "Quais são as possíveis consequências de minhas ações... a curto e longo prazo?

Quando se encontrar diante de decisões difíceis, elimine escolhas que estejam em conflito com seus valores éticos. Então,

Desenvolvendo sua marca pessoal

escolha a ação mais ética que restar. Se ainda estiver em dúvida sobre o que fazer em uma determinada situação, faça a escolha que será melhor para a maioria das pessoas.

> *Se você tem valores e padrões nítidos, é fácil tomar decisões.*
>
> ROY DISNEY

Avaliando questões éticas

Com frequência somos pressionados a tomar decisões ou agir. Nessas circunstâncias, você pode fazer isso sem considerar todos os princípios éticos envolvidos. Mesmo se não tiver nenhuma dúvida sobre uma determinada decisão, pode ser muito útil visualizar por um momento a ação no âmbito do respeito pelos outros. Algumas ou todas as questões a seguir podem ajudar a pensar mais adequadamente sobre se uma decisão se encaixa em seu código ético ou não.

- Você desejaria que sua mãe, seu pai, seu avô ou um parente favorito soubesse o que você está dizendo ou fazendo?
- Você desejaria que seu filho soubesse o que você está dizendo ou fazendo?
- Como sua escolha pareceria na primeira página do jornal local? Você pode justificar total e nitidamente seu pensamento e sua escolha ética?

Como fazer sua (próxima) carreira decolar

- Se no fim das contas a maior parte da população fizesse o que você está pensando em fazer, isso seria uma coisa boa?
- Finalmente, a ação cumpre a Regra de Ouro? Você está tratando os outros como deseja ser tratado?

Regra de Ouro — trate os outros como deseja ser tratado.

Pais observando — você desejaria que sua mãe, seu pai, seus avós ou um parente favorito soubesse o que você está dizendo ou fazendo?

Filho observando — você desejaria que seu filho soubesse o que você está dizendo ou fazendo?

Primeira página do jornal — como sua escolha pareceria na primeira página do jornal local?

No fim das contas — se a maioria da população fizesse o que você está pensando em fazer, isso seria uma coisa boa?

Quem, o que, quando, onde, por que — qual é a decisão ética que você está enfrentando ou prevendo? O que você vai fazer? Seguir seu código ético não só o levará a criar uma marca pessoal forte como lembrará constantemente aos outros que você age e trabalha com integridade e honra.

Comprometa-se com a realização

Parte da imagem pessoal projetada pelas pessoas bem-sucedidas é seu compromisso de realizar seus objetivos. Você provavelmente assumiu esse compromisso, e até mesmo começou a ir na direção desse objetivo — mas em pouco tempo ele acabou esquecido.

Desenvolvendo sua marca pessoal

Quando o chefe de Karen anunciou que a empresa instalaria um novo sistema de computadores, ele ofereceu a quem quisesse aprender o sistema uma oportunidade de se matricular em um programa de treinamento. Ser capaz de usar o novo sistema poderia aumentar muito o potencial de crescimento na empresa. Karen se matriculou no curso e foi às duas primeiras aulas. Quando o programa começou a se tornar mais difícil, ela encontrou desculpas para não ir e finalmente o abandonou.

Pressupondo-se que Karen *fosse* realmente sincera em seu desejo de aprender o novo sistema, o que ela poderia ter feito para garantir que realizaria seu objetivo mesmo quando ele se tornou mais difícil do que ela havia imaginado?

Para garantir que um objetivo seja cumprido, você tem de *comprometer-se a realizá-lo*. Compromisso é mais do que uma resolução. É uma promessa solene de que nos esforçaremos ao máximo para fazer o que concordamos em fazer. Não pode ser assumido levianamente. Se levar a sério seus compromissos e as diretrizes a seguir, há uma grande chance de você ser bem-sucedido.

> *A maioria das coisas importantes no mundo foi realizada por pessoas que continuaram a tentar quando parecia não haver nenhuma esperança.*
>
> DALE CARNEGIE

Como fazer sua (próxima) carreira decolar

Estabeleça um objetivo final claro e específico

Em vez de dizer "eu quero emagrecer", estabeleça o número exato de quilos que deseja perder. Assim, poderá acompanhar diariamente se está chegando perto de atingir esse objetivo.

Quando o objetivo não puder ser quantificado, torne-o o mais específico possível — por exemplo, "dominar o Excel" ou "dar uma palestra para minha associação profissional".

Estabeleça objetivos intermediários

"O prazo final para meu relatório é 30 de março. Em 10 de março, terei terminado todas as pesquisas preliminares; em 20 de março, a análise estatística estará pronta."

Estabelecendo objetivos intermediários, tornamos mais fácil realizar nosso objetivo geral. Faça uma coisa de cada vez. Em vez de se preocupar em cumprir um prazo final de trinta dias, pense em termos de executar o prazo para a primeira fase e, quando estiver terminada, a próxima fase, e assim por diante.

Também ajuda estabelecer "pontos de controle". Esses são passos críticos para avaliar a qualidade de seu progresso. Na escola, esses pontos de controle podem ser exames trimestrais ou intermediários. Em um emprego, podem ser avaliações periódicas de desempenho. Em seu compromisso com a realização, você deve estabelecer seus próprios pontos de controle para examinar se está trazendo excelência para seu projeto. Realizar seus objetivos intermediários sabendo que está produzindo trabalho de boa qualidade reforça seu compromisso de

Desenvolvendo sua marca pessoal

continuar. Se seu produto não é tão forte quanto havia planejado, sua avaliação honesta à medida que prossegue o ajuda a determinar que passo pode dar agora para retomar o caminho.

Faça um contrato

Um contrato é um acordo vinculativo. Quando problemas financeiros fizeram Jason abandonar a faculdade depois do segundo ano, ele assumiu um compromisso de obter seu diploma dentro de cinco anos. Sabia que isso significava fazer cursos noturnos e no fim de semana, gastando uma parte significativa de seus ganhos em sua educação e sacrificando a maioria dos aspectos sociais e recreativos de sua vida. Para garantir que faria isso, ele fez um contrato por escrito consigo mesmo descrevendo seu objetivo em longo prazo — obter seu diploma — e os objetivos intermediários: fazer cursos e quando esperava completá-los. À medida que surgiam dificuldades ou ele era tentado a abrandar seus esforços, relia seu contrato e renovava seu compromisso.

Partilhe seu compromisso com outra pessoa

O grande autor de livros de automotivação, Napoleon Hill, recomendava que se partilhasse seus compromissos com outra pessoa. Jason deu uma cópia de seu contrato para seu irmão, Joe, que o assinou como testemunha e prometeu que se certificaria de que Jason o cumpriria. Nos anos seguintes, quando por pressões da sobrecarga de trabalho e dos estudos Jason foi tentado a abandonar os cursos, o apoio que recebeu de Joe o ajudou a manter seu compromisso. Escolher a pessoa ou as pessoas com quem partilhar seu compromisso é importante. Escolha alguém que você respeita e não quer desapontar. Essa pessoa deve estar tão entusiasmada quanto você com a realização de seu objetivo. Se a meta for pessoal, poderia ser seu cônjuge, um membro da família ou um amigo íntimo. Em uma situação de negócios, partilhe seu compromisso com seu mentor, um colega próximo, um colega de uma associação profissional ou até mesmo seu chefe, se houver um bom relacionamento entre vocês.

Recompense-se

Quando atingimos nosso objetivo, merecemos uma recompensa significativa. Max Harper havia parado de fumar uma dúzia de vezes, sempre voltando dentro de alguns meses. Ele assumiu um compromisso de parar definitivamente e prometeu a si mesmo que, se o cumprisse durante um ano inteiro, compraria um *smartphone*. Poupando o valor gasto em cigarros, no fim do ano ele tinha dinheiro suficiente para o telefone desejado.

Saber que receberão uma recompensa palpável além da satisfação psíquica de realizar o objetivo ajuda algumas pessoas a se ater a ele.

Comprometer-se com a realização é um componente importante de nossa marca pessoal. Obter o que você deseja na vida exige um compromisso real. Estabelecendo objetivos claros e

Desenvolvendo sua marca pessoal

específicos e passos intermediários para avaliar seu progresso, fazendo um contrato consigo mesmo, partilhando-o com alguém que você respeita e recompensando-se quando o objetivo for atingido você realizará os objetivos que lhe são mais importantes em seu trabalho e em todos os outros aspectos de sua vida.

> *Há muito chama minha atenção o fato de que as pessoas bem-sucedidas raramente ficam sentadas esperando as coisas acontecerem. Elas saem e as fazem acontecer.*
>
> ELEANOR ROOSEVELT

Gerando confiança

Outro componente de nossa marca pessoal é a *confiança*. Confiança é definida como uma firme crença ou convicção de que se pode contar com uma pessoa ou coisa. Quando confiamos em uma pessoa, uma organização ou em nós mesmos temos uma certeza do caráter, da habilidade, da força ou da autenticidade dessa pessoa ou coisa. Confiança demais ou de menos pode ser perigoso. Um grau saudável de confiança é equilibrar mente e intuição, ou fatos e instinto, para tomar boas decisões e exercer bom julgamento.

> *Confie nos homens e eles serão fiéis a você; trate-os otimamente e eles se revelarão ótimos.*
>
> RALPH WALDO EMERSON

Como fazer sua (próxima) carreira decolar

É sempre benéfico para uma empresa contar com a confiança da equipe em sua administração. Nos dias de hoje, a lealdade a um patrão não é uma característica altamente valorizada, e quanto mais nossos empregados confiam em nossa integridade, maiores as nossas chances de mantê-los conosco. De fato, pesquisas indicam que há uma considerável relação entre confiança do empregado e lucratividade. A confiança mútua entre empregado e empregador é crucial para aumentar o nível geral de desempenho da organização. Você não só deve gerar confiança em si mesmo, como é essencial manter um ambiente confiável.

O grau em que a confiança é um problema pode ser determinado pelos sintomas. Por exemplo, você pode estar demonstrando pouca confiança em sua organização se, dependendo do dia ou do projeto, fizer o mínimo necessário, parecer desmotivado e sem compromisso, evitar desafios e parecer "sonâmbulo" durante o dia. Se tiver um problema de confiança mais sério, você pode demonstrar sua infelicidade com uma atitude negativa que afeta os outros e resulta em redução de desempenho, absenteísmo e moral baixa. Empregados que trabalham em um ambiente de muita desconfiança tendem a se concentrar em problemas, resistir a mudanças e minar e sabotar realizações de colegas confiáveis.

Benefícios de um ambiente de trabalho confiável

Para muitos de nós, nosso desempenho no primeiro cargo para o qual somos promovidos definirá nosso futuro na empresa. Se

Desenvolvendo sua marca pessoal

somos líderes de equipe ou supervisores de departamento, uma função-chave de nosso cargo será desenvolver uma equipe ou um departamento produtivo e motivado criando um ambiente de trabalho confiável. Fazer isso levará a:

- Maior satisfação com o trabalho;
- Empregados mais comprometidos e engajados;
- Mais produtividade;
- Menos estresse;
- Um fluxo de ideias inovadoras;
- Maior retenção de funcionários;
- Melhor atendimento ao cliente;
- Uma equipe confiante.

> *Em quase todas as profissões — sejam nas áreas de direito, jornalismo, medicina, finanças, educação ou gestão de pequenas empresas — as pessoas dependem de comunicações sigilosas para trabalhar. Nós contamos com o espaço que a confiança e o sigilo fornecem. Quando alguém quebra essa confiança, todos nós somos prejudicados.*
>
> HILLARY CLINTON

Princípios de geração de confiança

Eis algumas sugestões para tornar o local de trabalho um ambiente confiável:

Como fazer sua (próxima) carreira decolar

1. Crie harmonia levando os interesses dos outros a sério. Faça perguntas, pergunte o que os motiva e crie um ambiente de crescimento e aprendizado.
2. Ouça sinceramente — com os ouvidos, os olhos e o coração — sem preconceitos e julgamentos.
3. Respeite e encontre mérito nas diferenças de opinião, nas tendências e na diversidade.
4. Peça, não dê ordens. Colabore com os outros em decisões e tenha uma atitude aberta e de aceitação. Seja receptivo a novas ideias, métodos e tecnologias.
5. Esteja disposto a negociar e comprometer-se a realizar seus objetivos.
6. Pense antes de falar. Considere o público, o relacionamento e o ambiente quando escolher suas palavras e ações.
7. Pense e fale em termos de "nós". Use linguagem inclusiva e emoções apropriadas. Comunique-se com diplomacia, tato e sensibilidade.
8. Cuide dos problemas prontamente. Fale de maneira confiante, decidida e com autoridade. Ofereça evidências ao afirmar opiniões. Use instintos assim como fatos para tomar boas decisões.
9. Demonstre integridade. Defenda suas crenças e seus valores.
10. Permaneça humilde. Seja visível. Mostre à sua equipe que você está "nas trincheiras" com eles.
11. Seja modesto em relação à sua perícia e esteja disposto a ceder perante a perícia de outros participantes competentes.

Desenvolvendo sua marca pessoal

12. Abstenha-se de variações de humor. Seja paciente e confiável. Aja de modo coerente, racional e justo. Seja resiliente e supere desapontamentos.

13. Seja um modelo exemplar. Aja profissionalmente e sempre faça aquilo que fala. Dê aos outros o benefício da dúvida.

14. Demonstre respeito, confiança e fé nos outros. Delegue e empodere, e deixe estar. Encoraje a tomada de riscos e esteja disponível para ajudar quando necessário.

15. Seja autêntico. Demonstre coerência entre suas palavras e ações. Revele seus sentimentos e pensamentos abertamente e forneça feedback construtivo quando necessário.

16. Seja generoso, cortês, acessível e disponível como um recurso.

17. Seja realista ao comunicar visão, objetivos e resultados. Ofereça oportunidades de crescimento, treinamento e mentoria.

18. Seja humano. Aceite responsabilidades e admita erros, derrotas e desvantagens.

19. Lide diretamente com os outros. Não participe de fofocas, não espalhe rumores e não fale pelas costas de ninguém.

20. Apoie sua equipe. Concentre-se nos pontos fortes das pessoas, ofereça incentivo e aumente a confiança delas. Demonstre reconhecimento e gratidão e partilhe a glória dando-lhes crédito por conquistas.

Quando a confiança é perdida

Não importa quanto se está comprometido a manter um ambiente confiável, há momentos em que se pode perder a confiança de uma ou mais pessoas no grupo. Isso pode ser o resultado de um equívoco ou, mais seriamente, de uma má decisão ou ação de nossa parte. Devemos agir imediatamente para restabelecer a confiança.

Eis cinco passos para ajudar a restabelecer a confiança no local de trabalho.

1. Ponha o ego de lado e se permita ser visto como vulnerável. Você deveria se mostrar como ser humano, não apenas como figura de autoridade.

2. Reveja honestamente suas percepções e assuma total responsabilidade por seu papel na quebra de confiança. Examine suas suposições e seja honesto consigo mesmo. Reflita sobre o que pode ter feito para perderem a confiança em você.

3. Encontre-se em particular com a pessoa e revele suas percepções e preocupações. Pergunte qual é o ponto de vista dela. Tenha a mente aberta, realmente escute e se ponha no lugar dela.

4. Descubra o que a pessoa ou as pessoas precisam de você para reparar a confiança quebrada. Diga o que precisa delas. Verifique se há compreensão e aceitação. Providencie reuniões periódicas para avaliar o progresso.

5. Esteja atento a cumprir sua parte do acordo. Nossas ações dizem muito.

Desenvolvendo sua marca pessoal

Nós devemos abrir as portas da oportunidade. Mas também devemos equipar nosso povo para passar por essas portas.

LYNDON B. JOHNSON

Sua marca pessoal como líder

Sua reputação como líder é outro fator que contribui para sua marca pessoal. Como supervisor, chefe de equipe ou mentor, seu modo de lidar com novos membros da equipe é crucial para o modo como você demonstra sua marca pessoal no trabalho.

Ajudar novos membros da equipe a começar a trabalhar deveria ser uma prioridade. O primeiro dia de trabalho pode definir o cenário para sucesso ou fracasso, felicidade ou descontentamento, cooperação ou rebelião. Não importa quanto esteja ocupado, você deveria passar uma quantidade de tempo significativa com um novo funcionário no primeiro dia de trabalho dele.

Crie harmonia imediatamente

Planeje-se para a chegada da nova pessoa e planeje passar pelo menos duas horas com ela. No primeiro dia, leve-a para almoçar. Essa é sua chance de falar informalmente sobre a empresa e o departamento, e aprender sobre o novo membro do grupo.

Apresente o novo funcionário para cada um dos outros membros do departamento e para as pessoas de outros depar-

Como fazer sua (próxima) carreira decolar

tamentos com quem trabalhará. Ao fazer a apresentação, sempre especifique que tipo de trabalho essa pessoa faz e indique o que o novo funcionário fará.

"Marilyn, esta é a Gloria, nossa nova analista de mercado. Gloria, Marilyn é responsável por nosso departamento de estatística." Ao apresentar Gloria para funcionários hierarquicamente superiores, siga o protocolo da empresa sobre o uso de primeiros nomes ou tratamentos mais formais. Mesmo que você chame seu chefe de Don, se for esperado que Gloria se refira a ele como Sr. Deane, apresente-o como Sr. Deane.

Orientação

Muitas empresas têm programas de orientação formais para novos membros da equipe, conduzidos pelo departamento de recursos humanos. O programa de orientação geralmente cobre coisas como a história da empresa, discussões sobre os produtos ou serviços oferecidos, descrições de benefícios e coisas do gênero. Além desse programa de orientação, como supervisor imediato você deveria discutir a missão de seu departamento e como ela se encaixa no quadro geral da organização.

É importante que o novo funcionário aprenda o mais rápido possível quem é quem no departamento e na empresa. Usar um organograma ajuda, mas frequentemente o organograma não conta toda a história. No organograma, Don Deane, diretor de marketing, é o chefe. Contudo, Don está prestes a se aposentar e Ken Maynard, o gerente nacional de vendas, está sendo preparado para substituí-lo. Essa informação, que não aparece em

Desenvolvendo sua marca pessoal

um organograma tradicional, poderia ser importante para o novo funcionário.

A cultura corporativa é mais difícil de transmitir para o novo funcionário. Cada empresa desenvolveu ao longo dos anos uma filosofia, uma abordagem especial para lidar com problemas e uma singularidade que a torna o que é. Essa "cultura" é difícil de ser explicada com palavras e frequentemente só pode ser assimilada por um novo funcionário com o tempo. Porém, há certos aspectos da cultura corporativa que o novo funcionário deveria assimilar desde o início.

Por exemplo, a rede de supermercados de Stew Leonard´s se dedica a servir aos clientes. Os novos funcionários são doutrinados nisso desde seus primeiros minutos no emprego. De fato, esse mandamento é gravado em pedra na entrada de cada loja:

Regra 1: O cliente tem sempre razão.
Regra 2: Na dúvida, releia a regra 1.

Um modo de ajudar um funcionário a começar e aprender o funcionamento interno da empresa é designar um mentor ou, melhor ainda, dois mentores, para cada nova pessoa, que estarão disponíveis quando não estivermos para responder a perguntas e conduzi-los no labirinto das práticas empresariais.

Acima de tudo, seja um modelo. Nossos colegas buscam nossa orientação e seguem nosso exemplo. Devemos não só falar, mas fazer. A menos que você seja coerente com o que fala, seu pessoal não confiará em você e sua marca pessoal será severamente prejudicada.

Como fazer sua (próxima) carreira decolar

Dar o exemplo não é a melhor maneira de influenciar os outros, é a única.

ALBERT SCHWEITZER

Descrições claras e relevantes do trabalho

Ao orientar um novo membro da equipe, um bom começo é reler a descrição das funções do cargo. Ela realmente descreve o trabalho? Se o novo funcionário dependesse disso, poderia fazer o que esperam dele nesse cargo? Em muitas empresas, a descrição de funções permanece a mesma desde que o cargo foi criado. Mas muitas funções são dinâmicas — estão sempre mudando. É importante que todas as descrições de funções sejam revistas anualmente e ajustadas para realmente descrever o trabalho da pessoa nesse cargo.

Depois que o novo funcionário estudar a descrição de funções, você deve discuti-la com ele. Peça a essa pessoa para descrever como o trabalho é percebido. Uma discussão detalhada da natureza do trabalho esclarecerá mal-entendidos que podem surgir apenas da leitura da descrição de funções.

Treine, treine, treine

Não importa quanta experiência uma pessoa tenha em sua área, ainda é importante que a treinemos especificamente nos métodos e nas técnicas que usamos. Em empregos anteriores, ela

Desenvolvendo sua marca pessoal

pode ter feito coisas de um modo um pouco diferente, ter tido padrões menos rígidos ou enfrentado problemas diferentes. Quanto mais tempo é gasto treinando desde o início um membro da equipe, menos problemas surgirão mais tarde.

Quem deveria fazer o treinamento? Em algumas organizações são usados treinadores especiais, mas na maioria das empresas os supervisores treinam seu próprio pessoal. Como você é responsável pelo trabalho dos membros de sua equipe, é importante assumir um papel relevante no treinamento. Contudo, nem sempre você dispõe do tempo necessário para todo o treinamento, por isso outros funcionários podem ser usados para ajudar.

Ao escolher alguém para ajudar a treinar novos funcionários, aplique as seguintes diretrizes:

1. O treinador deve estar totalmente familiarizado com o trabalho.
2. Ensine ao treinador como treinar. Não presuma que porque uma pessoa conhece o trabalho é capaz de treinar os outros.
3. Certifique-se de que o treinador tem uma forte atitude positiva em relação à empresa e ao trabalho. Se usarmos um funcionário descontente para fazer o treinamento, essa pessoa injetará no aprendiz o vírus do descontentamento.
4. Marque periodicamente uma reunião de feedback com os novos funcionários para avaliar o que eles aprenderam e em que precisam de treinamento adicional, e para aconselhá-los sobre como podem melhorar.

Como fazer sua (próxima) carreira decolar

5. Para fazer seu funcionário começar com o pé direito e garantir que progredirá satisfatoriamente no trabalho, crie harmonia imediatamente, oriente cuidadosamente, treine totalmente e dê e receba feedback regularmente.

Resumo

- O primeiro passo para desenvolver sua marca pessoal é criar uma declaração de sua visão e sua missão.
- Um fator-chave de sua marca pessoal é seu código ético pessoal. Ele define seus padrões de certo e errado. Ajuda-o a resistir a tentações e se torna a base para a tomada de boas decisões éticas.
- Parte da imagem pessoal projetada pelas pessoas bem-sucedidas é o compromisso de realizar seus objetivos.
- Para garantir que um objetivo será cumprido, é preciso *comprometer-se a realizá-lo*. Compromisso é mais do que uma resolução. É uma promessa solene de que você se esforçará ao máximo para fazer o que concordou em fazer.
- Diretrizes para estabelecer objetivos:

  - Estabeleça objetivos claros e específicos;
  - Estabeleça objetivos intermediários;
  - Faça um contrato;
  - Partilhe seu contrato com outra pessoa;
  - Recompense-se.

Desenvolvendo sua marca pessoal

- A confiança é um componente de sua marca pessoal. Confiança é definida como uma potente crença ou convicção de que se pode contar com uma pessoa ou um grupo.
- Não importa quanto você esteja comprometido a manter um ambiente confiável, há momentos em que pode perder a confiança de uma ou mais pessoas em seu grupo. É preciso agir imediatamente para restabelecer a confiança.
- Sua reputação como líder é outro fator que contribui para sua marca pessoal. Pode-se assumir papéis de liderança como supervisor, chefe de equipe ou mentor de colegas menos experientes.
- Um modo de ajudar um funcionário a começar e aprender o mecanismo interno da empresa é designar um mentor ou, melhor ainda, dois mentores, para cada nova pessoa, que estarão disponíveis quando você não puder responder a perguntas e conduzi-los no labirinto das práticas empresariais.
- Não importa quanta experiência uma pessoa tenha em sua área, ainda é importante que ela seja treinada especificamente nos métodos e nas técnicas que usamos.

CAPÍTULO TRÊS

Aperfeiçoando suas habilidades de gestão de pessoas

Além de desenvolver as habilidades pessoais necessárias para progredir em sua carreira, também é preciso aprender as melhores técnicas para gerir pessoas. Supervisão de equipe frequentemente é uma parte integrante da subida da escada profissional.

Os gestores bem-sucedidos na transição aumentam sua contribuição para a empresa em 200-300 por cento.

GENE DALTON E PAUL THOMPSON,
HARVARD BUSINESS SCHOOL

Subordinado versus gestor

Você provavelmente foi promovido a posições de gestão e liderança porque era eficiente em sua função anterior. Agora, como gestor, seu trabalho é tornar os outros capazes de fazer as coisas tão bem ou melhor do que você. Ser um subordinado e ser um gestor exigem conjuntos de habilidades totalmente diferentes. Seu sucesso requer que você faça a transição para a liderança a fim de potencializar suas competências e aproveitar melhor seu tempo.

Gestores eficientes equilibram pessoas e aspectos do processo de trabalho. Uma ênfase no processo pode levar ao desenvolvimento de grandes sistemas, mas também resultar em uma situação em que ninguém os entende ou quer trabalhar com eles. O foco no processo diz: "Eis o plano e eis como fazemos as coisas." Por outro lado, concentrar-se nas pessoas pode fazer tudo parar se as pessoas de quem dependemos deixarem nosso grupo. O foco nas pessoas diz: "Vamos discutir o plano e por que fazemos as coisas." Com o equilíbrio certo, tanto a produtividade quanto o compromisso ficam em seus mais altos níveis.

Neste capítulo nos concentraremos nas habilidades das pessoas. As habilidades do processo serão discutidas no Capítulo Quatro.

Aperfeiçoando suas habilidades de gestão de pessoas

Qualidades dos gestores notáveis

Embora os pontos fortes e as habilidades individuais possam variar, pesquisas indicam que os gestores notáveis veem o mundo de modos parecidos. Eis as qualidades mais comumente observadas em gestores e líderes notáveis:

1. Eles têm valores fortes e altos padrões éticos.
2. Lideram pelo exemplo, agindo com integridade tanto na vida profissional quanto na vida pessoal.
3. Conhecem os objetivos do departamento e da empresa e se mantêm informados sobre mudanças.
4. Desenvolvem uma visão do futuro e são proativos e automotivados a atingir resultados.
5. São fortes comunicadores e ouvintes excepcionais.
6. Conquistam confiança, credibilidade e respeito.
7. São flexíveis sob pressão e mantêm suas emoções sob controle.
8. Convidam ao desacordo e à divergência construtiva e são abertos a mudanças e novas ideias.
9. Simplificam ideias, conceitos e processos.
10. Cultivam o conceito de trabalho em equipe e respeitam a diversidade.
11. Dedicam tempo a descobrir o que move as pessoas da equipe e gostam de motivá-las e ajudá-las a ser bem-sucedidas.
12. Reconhecem e maximizam os pontos fortes dos outros.

Como fazer sua (próxima) carreira decolar

13. Consideram a si mesmos e os outros responsáveis pelos resultados.
14. São eficientes e administram bem seu tempo.
15. São criativos e inovadores.
16. Exibem excelente julgamento quando precisam solucionar problemas, tomando decisões e resolvendo conflitos.
17. Estão comprometidos com o aprendizado e aperfeiçoamento contínuos.

Dez erros comuns dos novos gestores

Gestores menos experientes tendem a cometer os mesmos tipos de erros quando ainda não sabem das coisas. Cuidados com estes erros comuns:

1. Confiar em seu título para ganhar respeito.
2. Contradizer-se ou faltar com a palavra.
3. Levar para o lado pessoal questões relacionadas com o trabalho.
4. Tratar todos os empregados igualmente, em vez de entender as diversas qualidades e os fatores que motivam os indivíduos.
5. Estabelecer metas sem conhecer totalmente os objetivos e as estratégias da empresa.
6. Deixar de planejar e priorizar os objetivos de seu departamento.
7. Não comunicar com nitidez os objetivos e obter consenso.
8. Continuar a realizar tarefas que deveriam ser delegadas.

Aperfeiçoando suas habilidades de gestão de pessoas

9. Procrastinar em vez de agir decididamente quando mudanças de pessoal são necessárias.
10. Esquecer-se de demonstrar reconhecimento e gratidão.

Não deixes de fazer o bem a quem o merece, estando em tuas mãos a capacidade de fazê-lo.

PROVÉRBIOS 3:27

O que motiva os funcionários

Quando subimos na hierarquia empresarial, nossa prioridade é reconhecer que nosso sucesso depende do sucesso das pessoas com quem trabalhamos: nossa equipe, nosso departamento e todo o pessoal com quem nos relacionamos.

A organização Gallup entrevistou quatrocentas empresas sobre retenção de funcionários. Descobriu que o relacionamento de um funcionário com seu chefe imediato está mais diretamente ligado à retenção do que a salário e aos benefícios. Liderança justa e inspiradora, incluindo treinamento e mentoria, retém funcionários. Outra pesquisa da Gallup revelou que um indicador-chave da satisfação e produtividade do funcionário é sua crença em que o supervisor se importa com ele e é confiável.

A definição convencional de gestão é ter o trabalho feito pelas pessoas, mas a real definição de gestão é desenvolver as pessoas por meio do trabalho.

AGHA HASAN ABEDI, BANQUEIRO INTERNACIONAL

Como fazer sua (próxima) carreira decolar

Trabalho estimulante e gratificante

Um artigo no boletim informativo de outubro de 2003 da American Society for Training & Development indicou que em tempos de prosperidade, trabalho estimulante e valioso é mais importante para os funcionários do que salário e promoção. É difícil precificar o entusiasmo e a animação com o trabalho. Os gestores que incentivam o envolvimento dos funcionários e desde o início os incluem em projetos obtêm ideias mais criativas, mais empenho do funcionário e orgulho do resultado. Funcionários que participam ativamente da tomada de decisões sobre um amplo leque de assuntos ajudam a criar um ambiente que apreciam e em que desejam permanecer.

Oportunidades de crescimento

Ao oferecer oportunidades de crescimento, tanto pessoal quanto profissional, os funcionários tendem menos a buscá-las em outro lugar. Propiciar oportunidades de treinamento em uma nova habilidade e crescimento na empresa é uma indicação de que o gestor está disposto a investir nas pessoas. Isso demonstra interesse na equipe e é crucial para a retenção de funcionários. Incentivar os funcionários a se juntar a organizações profissionais pagando mensalidades e lhes dando tempo livre e taxas de admissão em almoços e conferências os motiva. Empresas com alto índice de retenção de funcionários têm a reputação de recompensar o alto desempenho com uma trajetória profissional conjuntamente acordada (não necessariamente uma subida direta na hierarquia), que ganha o compromisso dos funcionários.

Aperfeiçoando suas habilidades de gestão de pessoas

Respeite a necessidade de uma vida equilibrada

As organizações que entendem a importância de uma vida equilibrada têm índices mais altos de retenção de funcionários do que as que acreditam que os funcionários deveriam concentrar todas as suas energias no trabalho. Reconhecer e respeitar a importância da família e da vida pessoal evita esgotamento e promove a lealdade. Os empregadores precisam estar conscientes das questões de trabalho-vida. Devem ser sensíveis à dupla carreira, aos cuidados infantis e aos desafios dos pais e, sempre que possível, estar dispostos a oferecer horários flexíveis.

Remuneração e benefícios competitivos

O dinheiro é importante, mas menos do que poderíamos pensar. Os funcionários esperam ser pagos justa e competitivamente. Eles sentem-se merecedores de benefícios de seguro-saúde, fundo de aposentadoria e coisas do tipo, que são fornecidas por empregadores competitivos.

> *O líder deve ao seguidor produtivo conversas sobre os benefícios que o seguidor traz para a organização e o tipo de contribuições que o seguidor deseja fazer — para que possam ser concebidas tarefas que lhe darão esperança.*
>
> MAX DEPREE, PRESIDENTE EMÉRITO,
> HERMAN MILLER, INC.

Como fazer sua (próxima) carreira decolar

Conduzindo os membros de sua equipe a um desempenho ótimo

Elementos essenciais para o desempenho ótimo dos membros de sua equipe são motivação e orientação — fazer com que se sintam animados e entusiasmados com sua liderança, a empresa e o trabalho.

Infelizmente, grande parte da força de trabalho não está entusiasmada com o que faz e com a empresa para a qual trabalha. Por que deveria estar? Desde o primeiro dia em nosso primeiro emprego alguém — o chefe — sempre nos diz o que fazer. Com que frequência temos a oportunidade de exercer algum controle sobre nossa vida profissional? Se déssemos mais voz aos nossos funcionários sobre como fazer seu trabalho e os incentivássemos a assumir o controle de suas tarefas, eles teriam mais interesse, mais compromisso e mais satisfação com o que fazem... e seu maior engajamento levaria a um aumento de produtividade. Vamos examinar alguns exemplos.

Incentive os membros da equipe a conhecer seu trabalho

O primeiro passo para o alto desempenho é o conhecimento. Quando as pessoas conhecem seu trabalho e o desempenham de maneira profissional, estão no caminho do domínio de sua vida profissional. Um exemplo típico é Nathan. Quando ele foi contratado, designaram-no para a sala de expedição como mensageiro e atendente. Ele odiava o trabalho e estava pronto para ir embora. Contudo, durante o expediente, teve de entregar

Aperfeiçoando suas habilidades de gestão de pessoas

materiais para o departamento de informática. Ele havia tido um pouco de treinamento em informática na escola e conversou com o pessoal do departamento sobre o trabalho deles. Art, o supervisor de informática, notou o interesse de Nathan por computadores e pediu que ele fosse transferido para seu departamento. Art encorajou Nathan a aprender tudo que pudesse sobre equipamentos e *softwares*. Alguns meses depois, Nathan sabia tanto quanto todos no departamento. Ele adorava seu novo trabalho, sentia-se confiante, ganhou o respeito de seus colegas e se tornou um dos membros mais produtivos da equipe de Art.

Vise a excelência

Os bons supervisores trabalham para obter o melhor de seus funcionários. Cathy sabia que embora Christine estivesse fazendo um bom trabalho, não estava tendo um desempenho à altura de seu potencial. Cathy tinha de encontrar um modo de motivá-la a melhorá-lo ainda mais. Ela marcou uma reunião com Christine e lhe disse: "Seu trabalho é bom. Não tenho nenhuma queixa sobre o que você tem feito, mas sei que poderia se sair melhor. Se você fosse menos brilhante eu ficaria satisfeita, mas vejo em você a capacidade de ser uma das melhores funcionárias desta empresa. Estou confiante de que você pode visar mais alto. Vamos elaborar um plano juntas para ajudá-la a fazer o que é capaz."

Cathy e Christine estabeleceram objetivos juntas e desenvolveram um plano para atingi-lo. Foram estabelecidos padrões para avaliar quão perto Christine estava de atingir seus objeti-

Como fazer sua (próxima) carreira decolar

vos. Elas se reuniam periodicamente para avaliar o progresso de Christine. Dali a alguns meses, Christine estava trabalhando de um modo muito mais eficaz e a caminho de uma carreira mais estimulante e valorizada.

Incentive a participação

Cientistas comportamentais defendem a gestão participativa há anos. Eles têm demonstrado que quando as pessoas participam das decisões que afetam seus empregos, tendem mais a se comprometer com o sucesso dessas decisões.

Outra área em que os trabalhadores podem ser particularmente valiosos é a do estabelecimento de metas. Em muitas empresas, as metas são um elemento essencial. Operários de fábrica recebem metas de produção por hora; digitadores recebem metas de páginas geradas por dia; representantes de vendas recebem metas de volumes de vendas mensais. Quem geralmente estabelece a meta? O chefe. Se o trabalhador participasse do estabelecimento da meta, isso seria muito mais eficaz.

Quando o supervisor disse a Jack que ele deveria produzir cem unidades por hora com seu equipamento, Jack pensou: "Ridículo. Setenta talvez, nunca cem." Mas suponha que o chefe tivesse tido uma abordagem diferente: "Jack, nossos concorrentes agora estão fabricando em países estrangeiros onde o custo de mão de obra é muito mais baixo do que aqui. Se quisermos sobreviver a essa concorrência, cada um de nossos funcionários tem de aumentar sua produção por hora. Quantas unidades você acha que pode fazer?" Agora Jack poderia pensar:

Aperfeiçoando suas habilidades de gestão de pessoas

"A sobrevivência da empresa está em jogo, e meu emprego também. Posso fazer noventa unidades." Jack não só está motivado a produzir mais, como, tendo sido ele e não seu chefe quem estabeleceu a meta, seu compromisso de atingi-la é forte e genuíno — vem de dentro.

Incentive novas ideias

A maioria das pessoas sente que tem algum controle sobre seu trabalho quando a empresa leva a sério suas sugestões e ideias. Ninguém espera que todas as sugestões sejam aceitas, mas os membros da equipe esperam que sejam seriamente consideradas. Deveríamos instigar em nossos funcionários uma atitude de descontentamento construtivo. Nenhuma prática ou processo deveria ser tido como certo. Temos de eliminar o conceito de que se sempre fizemos algo de um determinado modo, deveríamos continuar a fazer desse modo.

Sempre devemos pensar no futuro e incentivar todos os membros de nossa equipe a pensar, pensar, pensar... e simplesmente não aceitar o *status quo*.

Sugestões deveriam ser avaliadas objetivamente e, se viáveis, experimentadas. Funcionários que sugerem ideias deveriam receber feedback de como as ideias estão funcionando e ser recompensados quando forem aceitas.

Se os funcionários acreditarem sinceramente que têm algum controle sobre seu trabalho, eles se certificarão de que o trabalho correrá bem e serão bem-sucedidos em seus esforços. Serão

Como fazer sua (próxima) carreira decolar

mais comprometidos com o excelente desempenho e encararão cada dia de trabalho com entusiasmo.

Pessoas diferentes têm necessidades diferentes

Uma chave para o desenvolvimento de um grupo de pessoas altamente motivadas é dedicar tempo a conhecer cada uma delas como indivíduos. Os membros de sua equipe são humanos, não robôs, cada qual com seus pontos fortes e fracos, sua agenda pessoal e seu modo de trabalhar. Prestar atenção e entender a individualidade de cada um é essencial para criar um grupo motivado.

Como gestor, você deve desenvolver as competências e habilidades de cada membro de seu grupo para que ele possa operar em sua capacidade máxima. O melhor modo de começar é aprender o máximo possível sobre cada um como um indivíduo.

Conhecer as pessoas com quem trabalhamos exige mais do que conhecer suas habilidades profissionais. Claro que essa é uma parte importante, mas é apenas uma parte do todo. Aprenda o que é importante para cada pessoa — suas ambições e seus objetivos, sua família, seus interesses especiais — em outras palavras, o que a motiva.

Aprenda os padrões de comportamento de cada pessoa

Todos nós temos um estilo ou modo de fazer nosso trabalho e viver. Os psicólogos chamam isso de "padrão de comportamen-

Aperfeiçoando suas habilidades de gestão de pessoas

to". Estude o modo como seus funcionários operam e você descobrirá seus padrões de comportamento. Por exemplo, você poderia notar que Scott sempre pondera sobre um assunto antes de comentá-lo; Sheila revê várias vezes todo o seu trabalho antes de entregá-lo. Todd começa seu trabalho sem muito planejamento.

Conhecendo seus colegas

O melhor modo de conhecer as pessoas é falar com elas, fazer perguntas e obter suas opiniões sobre vários assuntos. Talvez você considere isso muito intrusivo. Não queremos ser intrometidos. Não é necessário fazer perguntas pessoais diretas. Observando e ouvindo, você pode aprender muito sobre seus colegas. Preste atenção quando eles falam com você; ouça o que dizem, e ouça o que *não* dizem. Escute quando eles falam com os outros. Ouvir a conversa pode não ser educado, mas nos permite aprender muito. Observe como seus colegas trabalham, agem e reagem. Não demorará muito para identificar seus gostos e suas aversões, e suas idiossincrasias e excentricidades. Ouvindo e observando, podemos aprender sobre as coisas que são importantes para cada um deles e os temas polêmicos sobre os quais têm opiniões fortes.

É fácil lembrar-se dessas características individuais quando você supervisiona um pequeno número de pessoas, mas se estiver envolvido com grupos maiores ou tiver uma alta rotatividade em seu departamento, crie um bloco de notas ou documento com uma página para cada membro da equipe relacionando o nome

Como fazer sua (próxima) carreira decolar

de seu cônjuge, os nomes e as idades de seus filhos, seus passatempos e interesses e quaisquer traços comportamentais ou de personalidade que o ajudem a "alcançá-los".

Aplique técnicas motivacionais

Mesmo depois de treinados em técnicas motivacionais, muitos novos gestores consideram difícil implementá-las em seu trato diário com suas equipes. Eis algumas sugestões de como começar:

- Aprenda mais sobre os objetivos individuais e as aspirações de cada um de seus colegas.
- Torne-se mais disponível para as pessoas que se reportam a você. Em vez de ignorar suas perguntas e sugestões, dedique tempo a ouvi-las, avaliá-las e respondê-las.
- Vença a tentação de tomar todas as decisões. Quando lhe pedirem para decidir sobre algum assunto, devolva o problema para a pessoa que lhe pediu. "O que *você* acha que deveria ser feito?"
- Quando novos trabalhos forem recebidos, em vez de planejá-los você mesmo, peça a participação de todo o grupo.
- Incentive os colegas a adquirir habilidades para além de seus deveres profissionais. Use treinamento cruzado e lhes designe tarefas que exijam interação com pessoas do grupo que têm outras habilidades e outros tipos de funções.

Aperfeiçoando suas habilidades de gestão de pessoas

- Confirme com todos os membros da equipe que entenderam o que é esperado deles e como o trabalho será avaliado.
- Periodicamente, faça reuniões de departamento motivadoras e produtivas.
- Visite fornecedores e terceirizados e os convide a visitar a empresa e participar de reuniões.

Seguindo essas sugestões, você vai obter resultados positivos como maior produtividade, melhor qualidade e cooperação e colaboração entusiástica entre os membros de seu grupo.

> *Boa gestão consiste em inspirar pessoas comuns a fazer o trabalho de pessoas superiores.*
>
> John D. Rockefeller

Enriqueça o trabalho

Embora muitos trabalhos tenham aspectos que produzem alegria e satisfação, um grande número de pessoas realiza trabalhos rotineiros e às vezes tediosos. É difícil, se não impossível, deixá-las empolgadas com o que fazem.

Um modo de tornar trabalhos tediosos mais "amigáveis" é redesenhá-los. Em vez de olhar para um trabalho como uma série de tarefas que devem ser cumpridas, estude-o como um processo total. Torne-o menos rotineiro ampliando seu escopo.

Como fazer sua (próxima) carreira decolar

Concentre-se no que tem de ser feito em vez de nos passos para fazê-lo, redesenhando o modo como o trabalho é realizado.

Eis um exemplo de como o enriquecimento do trabalho funciona. Quando Jennifer foi contratada para chefiar o departamento de processamento de pedidos da Liability Insurance Company, herdou um departamento de funcionários insatisfeitos, com moral baixa e alta taxa de rotatividade. A operação de processamento de pedidos era uma linha de produção. Cada funcionário revisava uma parte do formulário e o enviava para outros funcionários, cada um dos quais revisava outra parte. Se fossem encontrados erros, o formulário era enviado a um especialista para corrigi-los. Eficiente? Talvez, mas isso tornava o trabalho tedioso e muito pouco estimulante.

Jennifer reorganizou o processo. Eliminou a linha de produção e treinou cada funcionário para rever todo o pedido, corrigir erros e lidar pessoalmente com os problemas. Embora as operações tivessem se tornado mais lentas durante a transição, isso resultou em uma equipe altamente motivada, que encontrou gratificação atuando em todo o processo e vendo-o ser completado de maneira satisfatória. A produção aumentou significativamente, e a taxa de rotatividade do departamento foi reduzida a um mínimo.

Quando os funcionários são treinados para atuar em todos os aspectos do ofício que seu grupo realiza, não só qualquer parte do trabalho pode ser designada para qualquer membro da equipe (o que nos dá muito mais flexibilidade), como também, já que os funcionários fazem um trabalho diferente em momentos diferentes, a natureza tediosa da rotina é diminuída de maneira expressiva.

Aperfeiçoando suas habilidades de gestão de pessoas

Ninguém gosta de sentir que estão lhe vendendo algo ou lhe dizendo para fazer alguma coisa. Nós preferimos sentir que estamos comprando por decisão própria ou agindo de acordo com nossas próprias ideias. Gostamos de ser consultados sobre nossos desejos, nossas vontades e nossos pensamentos.

DALE CARNEGIE

Evite motivação negativa

Ameaçar demitir pessoas se elas não cumprirem os padrões de produção ou não respeitarem as regras da empresa às vezes é eficaz — pelo menos temporariamente. Quando há escassez de emprego e as pessoas sabem que não arranjarão um se forem demitidas, elas *realmente* trabalham. Mas quanto trabalho elas fazem? Algumas apenas o suficiente para não ser demitidas e nada mais. Esse medo não é motivação de verdade; motivação *de verdade* faz as pessoas produzirem mais do que apenas o necessário para manter seus empregos.

O medo de ser demitido se torna menos motivador quando o mercado de trabalho se expande. Se empregos comparáveis estão disponíveis em ambientes mais agradáveis, por que trabalhar para um ditador?

Há pessoas que realmente reagem à motivação negativa. Talvez tenham sido criadas por pais intimidadores ou trabalhado com chefes tirânicos durante tanto tempo que esse é o único modo de viver que elas conhecem. Bons líderes devem reco-

Como fazer sua (próxima) carreira decolar

nhecer a individualidade de cada pessoa e adaptar o que usam ao que funciona melhor para motivá-la.

21 motivadores que realmente funcionam

Eis algumas das melhores técnicas para motivar pessoas a se comprometerem com o desempenho superior:

1. Encorajar a participação no estabelecimento de objetivos e na determinação de como atingi-los.
2. Manter todos os funcionários conscientes de como seu trabalho se relaciona com o trabalho dos outros na organização.
3. Fornecer a todos os funcionários as ferramentas e o treinamento necessário para serem bem-sucedidos.
4. Pagar pelo menos o valor de mercado pelo trabalho que fazem.
5. Fornecer condições de trabalho boas e seguras.
6. Dar instruções claras que são facilmente entendidas e aceitas.
7. Conhecer as habilidades de cada pessoa e designar tarefas com base em sua capacidade de lidar com elas.
8. Deixar as pessoas tomarem decisões relacionadas com seus trabalhos.
9. Ser acessível. Ouvir atenta e empaticamente.
10. Dar crédito por um trabalho bem-feito e elogiá-lo.
11. Dar respostas rápidas e diretas para perguntas.

Aperfeiçoando suas habilidades de gestão de pessoas

12. Tratar os funcionários com justiça, respeito e consideração.
13. Ajudar em problemas de trabalho.
14. Incentivar os funcionários a adquirir conhecimentos e habilidades adicionais.
15. Demonstrar interesse e preocupação com as pessoas como indivíduos.
16. Aprender os padrões de comportamento dos funcionários e lidar com eles de modo adequado.
17. Tornar cada pessoa uma parte integrante da equipe.
18. Manter as pessoas encorajadas e empolgadas com seus trabalhos.
19. Considerar ideias e sugestões de colegas.
20. Manter as pessoas informadas sobre como estão se saindo.
21. Encorajar as pessoas a fazer o seu melhor e depois apoiar os esforços delas.

Reconhecimento e gratidão

Dinheiro — promessas de aumento ou bônus — frequentemente é o principal motivador usado por gestores. De fato, algumas pessoas são movidas por incentivos financeiros, mas há outras formas de incentivo ainda mais eficazes. Em muitas pesquisas, gratidão e envolvimento são citados mais do que dinheiro como fatores-chave para manter os funcionários felizes. Reconhecimento e gratidão por suas conquistas são motivadores poderosos. As pessoas precisam que lhes seja demonstrado, de modo

Como fazer sua (próxima) carreira decolar

verbal e não verbal, que a administração respeita suas posições e que elas são importantes para o sucesso da organização. Elas apreciam celebrações públicas e privadas de conquistas e vitórias, e pronto e sincero reconhecimento, verbal ou por escrito.

Frequentemente nos esquecemos de expressar nossa gratidão por aqueles que tornaram nossos sucessos possíveis e nossos trabalhos mais agradáveis. Como gestor, você deve ter como prioridade fazer com que os membros da equipe saibam que você aprecia a contribuição deles para a realização de seus objetivos.

Procure coisas para elogiar

Quando lidamos com funcionários, tendemos a procurar o que criticar em vez de motivos para elogiar. Temos como certo que nossos bons funcionários farão um bom trabalho e nunca lhes agradecemos por isso.

Um bom exemplo é Doug, o dono de uma rede de supermercados. Ele contou sobre seu relacionamento com Tom, que gerenciava uma de suas lojas mais produtivas. "Sempre que eu entrava naquela loja, encontrava defeito em tudo que Tom estava fazendo. Esperava que ele gerisse uma operação perfeita porque sabia que era capaz disso. Quando realmente avaliei o progresso da loja, notei que Tom havia aumentado o volume em 10 mil dólares por semana e passado do vermelho para o azul, e era benquisto por seus clientes e funcionários. Eu estava tão ocupado criticando-o que nunca lhe dei crédito pelo que ele havia feito.

Aperfeiçoando suas habilidades de gestão de pessoas

Na vez seguinte em que visitei sua loja, Tom entrou na sala dos fundos e eu lhe disse que ele estava fazendo um ótimo trabalho. Comentei especificamente sobre o crescimento do negócio e o cumprimentei por seu relacionamento com os clientes. Ele ficou lá parado, do alto de seu um metro e oitenta e oito, e seus olhos se encheram de lágrimas. 'Patrão', disse, 'O senhor nunca falou comigo assim em todo o tempo que trabalho aqui. Fico feliz em saber como realmente se sente em relação a mim.'"

Muitos executivos de negócios acreditam que um aumento salarial ou bônus é indicação suficiente do reconhecimento de um trabalho bem-feito. Timothy, o dono de uma fábrica, queria fazer mais. Um de seus funcionários constantemente produzia mais do que os outros. Seu bônus representava mais do que os outros recebiam, mas dinheiro não expressava a gratidão de Timothy. Então ele lhe escreveu uma carta pessoal de agradecimento e pôs o cheque do bônus dentro. Na carta, disse-lhe o quanto ele significava para a empresa. Mais tarde o funcionário lhe agradeceu por escrevê-la. Contou que a carta o fez chorar, e Timothy comentou que quase chorou ao ouvi-lo dizer isso.

Virginia, chefe dos caixas de um banco, insiste em dar as boas-vindas aos funcionários que voltam de férias ou de licença médica. Ela lhes pergunta como foram suas férias ou como estão de saúde e os atualiza sobre as novidades da empresa. Faz questão que saibam que ela sentiu a falta deles — e isso é sincero, porque realmente sentiu.

Dizer a uma pessoa que sentiu falta dela ou que ela é apreciada mesmo quando não aconteceu nada de especial para

Como fazer sua (próxima) carreira decolar

provocar o comentário pode ser uma experiência gratificante tanto para a pessoa que o ouviu quanto para quem o fez.

Por que as pessoas não expressam reconhecimento? Talvez achem que ele é tácito quando não criticam. Às vezes achamos que isso não é necessário porque a pessoa está "apenas fazendo seu trabalho". Às vezes, o reconhecimento não ocorre porque a pessoa que deveria expressá-lo o considera um sinal de fraqueza.

Reitere seu reconhecimento

Ninguém precisa ser efusivo ao expressar apreço. Um sincero reconhecimento de como nos sentimos sobre o trabalho feito, o serviço prestado ou o orgulho de uma conquista específica é suficiente. Ninguém se cansa de obter reconhecimento honesto. Presumir que nosso reconhecimento é tácito é dar menos do que a pessoa merece. Diga-lhe que você apreciou o que foi feito e por que se sente assim. Em situações em que isso é o resultado de um ato específico, expresse sua gratidão assim que possível. Isso aumentará a alegria obtida com o próprio feito.

Se seu reconhecimento for de uma atividade constante de longo alcance, expressões periódicas de gratidão são apropriadas. Tal como dizer ao cônjuge, de tempos em tempos, quanto a vida juntos significa e como aprecia as pequenas coisas que ele faz para tornar a vida mais agradável enriquecerá um casamento, expressar gratidão a um colega enriquecerá o ambiente de trabalho.

Aperfeiçoando suas habilidades de gestão de pessoas

Algumas pessoas consideram que expressar gratidão aos outros pode refletir suas próprias inadequações. Elas pensam subconscientemente: "Se eu lhes disser que se saíram bem, eles (e os outros) podem achar que sou inferior a eles." Não há base para essa conclusão. Todas as pessoas grandiosas expressaram repetidamente sua gratidão àqueles que as ajudaram. De fato, isso melhora a imagem de fortes que elas conquistaram e produz um grau mais alto de lealdade entre seus seguidores.

Acima de tudo, seja sincero

O reconhecimento deve ser sincero. A pessoa tem de realmente sentir e acreditar no que está dizendo para que seja percebido como genuíno. A insinceridade não pode ser disfarçada com palavras bonitas. Nossa voz, nossos olhos e nossa linguagem corporal refletem nossos verdadeiros sentimentos. Não há nenhum motivo para fingir reconhecimento. A percepção de que devemos muito a essas pessoas deveria vir da fonte da verdadeira e sincera gratidão que está no fundo de nossos corações. Deixe isso fluir. Não o reprima ao chegar à sua boca. Deixe-o transbordar para os ouvidos das pessoas que o merecem e a vida delas e a sua será um pouco melhor nesse dia.

> *As pessoas não estão interessadas em quanto você sabe,*
> *mas em quanto você se importa.*
>
> HOWARD SCHULTZ, PRESIDENTE, STARBUCKS

Como fazer sua (próxima) carreira decolar

Resumo

- Como gestor, seu trabalho é tornar os outros capazes de fazer as coisas tão bem ou melhor do que você.
- A organização Gallup descobriu que o relacionamento de um funcionário com seu chefe imediato é mais responsável pela retenção do funcionário na empresa do que o salário e os benefícios oferecidos.
- Fornecendo oportunidades de crescimento, tanto pessoal quanto profissional, os funcionários tendem menos a buscá-las em outro lugar.
- Em muitas pesquisas, gratidão e envolvimento são citados mais do que dinheiro como fatores-chave para manter os funcionários felizes e produtivos.
- Todos nós temos um estilo ou modo de fazer nosso trabalho e viver. Os psicólogos chamam isso de "padrão de comportamento". Estude o modo como seus funcionários operam e você descobrirá seus padrões de comportamento.
- Um modo de tornar trabalhos tediosos mais "amigáveis" é redesenhá-los. Em vez de olhar para um trabalho como uma série de tarefas que devem ser cumpridas, estude-o como um processo total. Torne-o menos rotineiro ampliando seu escopo.
- Ameaçar demitir pessoas se elas não cumprirem os padrões de produção ou não respeitarem as regras da empresa às vezes é eficaz — pelo menos temporariamente. Quando há escassez de emprego e as pessoas sabem que não arranjarão um se forem demitidas, elas *realmente*

Aperfeiçoando suas habilidades de gestão de pessoas

trabalham. Mas quanto trabalho elas fazem? Algumas apenas o suficiente para não ser demitidas, e nada mais. Esse medo não é motivação de verdade; motivação *de verdade* faz as pessoas produzirem mais do que apenas o necessário para manter seus empregos.

- Reveja os 21 motivadores que realmente funcionam.
- O reconhecimento deve ser sincero. A pessoa tem de realmente sentir e acreditar no que está dizendo para que seja percebido como genuíno.

CAPÍTULO QUATRO

Aperfeiçoando suas habilidades de gestão de processos

Além de aperfeiçoar suas habilidades de trato pessoal, potenciais gestores devem dominar os elementos de gestão de processos das organizações para ser bem-sucedidos na realização de seus objetivos. Esses elementos incluem planejamento, delegação, gestão do tempo, estabelecimento de prioridades e incentivo à inovação.

Se não soubermos para qual porto estamos indo,
nenhum vento nos será favorável.

Sêneca

Como fazer sua (próxima) carreira decolar

O processo de planejamento

Nenhum trabalho pode ser realizado com sucesso sem cuidadoso planejamento. Ao definir seu plano para qualquer empreendimento, você deveria:

1. Ter uma percepção clara dos objetivos que deseja conquistar.
2. Certificar-se de que os objetivos são razoáveis e atingíveis.
3. Listar as ações necessárias para alcançar seus objetivos.
4. Atribuir a uma pessoa específica a responsabilidade de pôr o plano em prática.
5. Fornecer os fundos, o equipamento, o pessoal e outros recursos necessários para atingir os objetivos.
6. Estabelecer padrões de desempenho para avaliar o avanço na direção dos objetivos.

Dando os passos a seguir, suas chances de sucesso na realização de seu plano serão facilitadas.

Passo 1: Definir o resultado desejado

O resultado desejado é o que, em última instância, você quer alcançar. Você deve determinar como isso beneficiará seu departamento ou sua equipe, sua clientela e todos os envolvidos. Isso deveria ser obviamente afirmado e acordado entre a administração sênior e você. Se não definir bem o alcance de seu projeto, será quase impossível planejá-lo.

Aperfeiçoando suas habilidades de gestão de processos

Passo 2: Avaliar a situação atual

Avalie honestamente o ponto em que está hoje. Qual é a realidade da situação atual? Que fatores ajudam e dificultam seus esforços para executar o projeto em todo o seu alcance?

Passo 3: Metas

Defina e estabeleça metas realistas para o alcance do projeto. Sem essas metas, você fica à deriva. As metas podem ser imediatas, intermediárias e de longo prazo. Atingir as metas diárias (imediatas) contribui para a realização das metas intermediárias e de longo prazo. O acrônimo formado pela palavra inglesa SMART pode servir de guia no estabelecimento de suas metas. As metas deveriam ser:

S (*specific*) = Específicas em termos de processos e recursos
M (*measurable*) = Mensuráveis por dados objetivos
A (*attainable*) = Atingíveis, na medida em que podem ser alcançadas
R (*relevant*) = Relevantes para sua visão
T (*time*) = Temporais, com prazo determinado

> *Todos os fracassos que conheci, todos os erros que cometi e todas as loucuras que testemunhei na vida privada e pública foram consequências de ações sem reflexão.*
>
> BERNARD BARUCH, CORRETOR DE VALORES, CONSULTOR DE PRESIDENTES

Como fazer sua (próxima) carreira decolar

Passo 4: Etapas da ação

Para atingir objetivos, é preciso estabelecer prioridades e etapas da ação. Essas etapas da ação deveriam incluir:

- Exigências do trabalho;
- Quem fará o trabalho;
- Métodos a ser usados;
- Unir todas as partes para se encaixarem no projeto;
- Comunicação de resultados e formato (relatório escrito, apresentação de PowerPoint etc.).

Passo 5: Custo

Determine o orçamento e o custo de cada etapa da ação. Os custos incluem:

- Pessoal;
- Material;
- Tempo;
- Custos indiretos;
- Diversos.

Passo 6: Cronogramas

Os prazos devem ser estabelecidos e comunicados de modo a se obter uma clara compreensão de quando eles terminam e do que é esperado nesse ponto. Fazer isso garante que as metas

Aperfeiçoando suas habilidades de gestão de processos

imediatas, intermediárias e de longo prazo possam ser atingidas. Ao estabelecer cronogramas, seja realista. Trabalhe da data da conclusão do projeto para trás, a fim de determinar quando cada fase deveria ser concluída. Escreva o cronograma e o distribua para evitar mal-entendidos.

Passo 7: Implementação

Uma parte importante, mas negligenciada, da implementação de um plano é se certificar de que todos os envolvidos entendem seus papéis na realização dos objetivos. Deve ser assumido um compromisso com os resultados acordados. Monitorar a implementação pode resultar em modificar o âmbito do plano e a reavaliação de seus objetivos.

Passo 8: Acompanhamento/mensuração

Uma parte importante do processo de implementação é manter registros precisos, analisar por que ocorreram desvios e tomar providências para corrigir quaisquer problemas. Monitorar constantemente o progresso é crucial para a realização de seu objetivo.

> *Estar ocupado nem sempre significa real trabalho. O objetivo de todo trabalho é a produção ou a realização, e para qualquer um desses fins deve haver previsão, sistema, planejamento, inteligência e propósito honesto, assim como suor. Parecer fazer não é fazer.*
>
> THOMAS A. EDISON

Como fazer sua (próxima) carreira decolar

Delegar

Sem dúvida, você e os membros de seu departamento têm muito trabalho a fazer. Uma ferramenta essencial da gestão é determinar exatamente o que você mesmo fará e o que confiará a outras pessoas. Quando delegamos, damos aos membros da equipe não só tarefas mas também o poder e a autoridade para realizá-las.

Delegação eficaz significa que um supervisor tem confiança suficiente nos membros de sua equipe para saber que eles realizarão uma tarefa satisfatória e com diligência.

Muitas vezes os gestores ficam sobrecarregados com muito mais trabalho do que deveriam fazer. Responda às perguntas a seguir para ver se você está trabalhando demais:

1. Você leva trabalho para casa?
2. Ainda lida com as mesmas tarefas com que lidava antes de sua promoção?
3. Frequentemente é interrompido para dar conselhos ou informações?
4. Lida com detalhes com que outros poderiam lidar?
5. Está envolvido em muitos projetos?
6. Frequentemente está apagando incêndios e reagindo a assuntos não urgentes?
7. Trabalha mais horas do que outros gestores em sua empresa?
8. Passa tempo realizando tarefas para pessoas que poderiam realizá-las sozinhas?
9. É sobrecarregado de e-mails e mensagens de voz depois de se ausentar do escritório por alguns dias?

Aperfeiçoando suas habilidades de gestão de processos

10. Está se envolvendo em projetos que achava que tinham sido passados para outra pessoa?

Se você respondeu sim a essas perguntas, precisa reavaliar seu trabalho e a gestão de sua carga horária. Há boas chances de poder delegar muito mais para sua equipe sem mudar o desempenho de seu departamento.

> *O melhor executivo é aquele que tem bom senso suficiente para escolher as pessoas certas para fazer o que ele quer que seja feito, e autocontrole suficiente para não se meter com eles enquanto o fazem.*
>
> THEODORE ROOSEVELT

Não hesite em delegar

Você é responsável por tudo que acontece em seu departamento, mas não é possível, ou benéfico, fazer tudo sozinho. Excesso de trabalho pode levar a esgotamento e úlceras, ou até mesmo ataques cardíacos e colapsos nervosos.

Evidentemente, há certas coisas que só você pode fazer, decisões que só você pode tomar, áreas críticas com que só você pode lidar. Contudo, muitas de suas atividades podem e devem ser realizadas por outras pessoas.

Delegar permite que você posicione o trabalho certo no nível de responsabilidade certo, ajudando a si mesmo e a seus colegas a expandir habilidades e contribuições. Isso também garante

Como fazer sua (próxima) carreira decolar

que o trabalho será feito a tempo pela pessoa certa com experiência ou interesse certo nisso.

> *Se você tiver uma tarefa difícil, entregue-a para uma pessoa capaz, mas preguiçosa. Ela encontrará um modo fácil de realizá-la.*
>
> ANÔNIMO

Concedendo atribuições

Você deveria conhecer as capacidades de seus colegas. Quando planejar atribuições, considere qual pessoa pode fazer qual trabalho melhor. Se não estiver sob pressão do tempo, você pode usar a atribuição para desenvolver as habilidades de outra pessoa. Quanto mais pessoas tiverem a capacidade de realizar várias tarefas, mais fácil será o seu trabalho. Se ninguém de sua equipe puder realizá-la, é claro que você terá de se encarregar dela, mas insista em treinar um ou mais funcionários em várias tarefas para que elas possam ser delegadas no futuro.

Certifique-se de que as instruções foram corretamente entendidas e aceitas

Depois de dar instruções detalhadas a um membro de sua equipe, você pode perguntar: "Você entendeu?" E a resposta costuma ser "sim".

Aperfeiçoando suas habilidades de gestão de processos

Mas será que o funcionário realmente entendeu? Talvez. E talvez essa pessoa não tenha muita certeza, mas de boa-fé ela diz "entendi". Ou talvez ela não tenha entendido nada, mas tenha vergonha de dizer.

Em vez de perguntar "você entendeu?", pergunte "o que você vai fazer?". Se a resposta indicar que um ou mais pontos não estão claros, corrija-os antes que o funcionário comece a realizar a tarefa de maneira incorreta.

Quando é essencial que as pessoas a quem você delega tarefas sigam suas instruções, você deve se certificar de que elas foram entendidas totalmente. Entregue ao funcionário um questionário. Faça perguntas específicas para poder concordar totalmente com o que seu colaborador fará. Quando não for essencial que a pessoa realize uma tarefa que você lhe delegou de um modo específico, pode-se apenas buscar um pouco de feedback geral.

Todas as instruções não só devem ser entendidas, como também aceitas. Suponha que na manhã de terça-feira Janet, a gerente do escritório, designe uma tarefa a Jeremy com o prazo de 15h30 daquela tarde. Jeremy olha para a quantidade de trabalho envolvido e diz para si mesmo: "Não tem como." É improvável que ele cumpra o prazo.

Para ganhar aceitação, faça o funcionário saber quanto o trabalho é importante. Janet poderia dizer "Jeremy, o relatório deve estar na mesa da diretora quando ela chegar, amanhã de manhã. Ela precisa dele para uma reunião cedo com o comitê executivo. Quando você acha que pode entregá-lo?". Jeremy pode pensar "Isso é importante. Se eu pular meu intervalo e

Como fazer sua (próxima) carreira decolar

não telefonar para minha namorada, posso entregá-lo às 17 horas".

Por que Janet originalmente indicou que queria o relatório às 15h30 quando só precisava dele para a manhã seguinte? Talvez porque se dissesse 15h30, Jeremy faria um grande esforço e terminaria o relatório no fim do dia. Muitas pessoas, porém, não reagem positivamente à urgência. Diante de um prazo que consideram absurdo, muitas nem mesmo tentam cumpri-lo. Deixando as pessoas estabelecerem seus próprios horários dentro de limites razoáveis, obtemos seu total compromisso de cumprir ou antecipar um prazo.

Mas suponha que Janet realmente precisava do relatório às 15h30, para que pudesse ser revisado, fotocopiado, colado e encadernado. Para tê-lo pronto a tempo, poderia ter designado alguém para ajudar Jeremy, ou lhe pedido para trabalhar durante seu intervalo naquele dia.

> *Nunca diga às pessoas como fazer as coisas. Diga-lhes o que fazer e elas o surpreenderão com sua engenhosidade.*
>
> GENERAL GEORGE S. PATTON

Estabeleça pontos de controle

Um ponto de controle é o estágio em que paramos um projeto, examinamos o trabalho feito e corrigimos erros. Pontos de controle podem ajudar a encontrar erros antes que se transformem em catástrofes.

Aperfeiçoando suas habilidades de gestão de processos

Um ponto de controle *não* é uma inspeção de surpresa. Os funcionários deveriam saber exatamente quando um ponto de controle ocorrerá e o que deve ser feito até lá.

Nós não deveríamos tomar decisões em cada fase da missão e ficar olhando por cima dos ombros uns dos outros para ver se está tudo certinho. Quando microgerimos, reprimimos a criatividade e não deixamos os membros da equipe realizarem todo o seu potencial.

> *Ninguém será um grande líder se quiser fazer tudo sozinho ou levar todo o crédito por isso.*
>
> DALE CARNEGIE

Forneça ferramentas e autoridade para fazer o trabalho

Um trabalho não pode ser feito sem as ferramentas adequadas. Fornecer equipamento, cronogramas razoáveis e acesso a recursos é um passo óbvio, mas dar *autoridade* é outra história.

Muitos gestores relutam em abrir mão de qualquer autoridade. Para um trabalho ser feito sem a sua microgestão, é preciso dar às pessoas o poder de tomar decisões.

Se seus funcionários precisam de suprimentos ou materiais, destine-lhes uma verba para que possam comprá-los sem que precisem pedir aprovação para cada compra. Se um trabalho exigir horas extras, dê-lhes autoridade para pedi-las. Se você precisar estar por perto para tomar todas as decisões, o trabalho

Como fazer sua (próxima) carreira decolar

será emperrado, os membros da equipe se sentirão impotentes e provavelmente perderão o entusiasmo pelo trabalho.

> *Cerque-se das melhores pessoas que puder encontrar,*
> *delegue autoridade e não interfira.*
>
> RONALD REAGAN

Quando você delega, não abdica

As pessoas a quem delegamos quase sempre têm perguntas, buscam conselhos ou precisam de ajuda. Esteja lá para elas, mas não as deixe atirar todo o projeto de volta para você. Faça-as saber que você está disponível para ajudar, aconselhar e apoiar, mas não para fazer o trabalho delas.

Quando as pessoas lhe trouxerem um problema, insista em que o tragam com uma sugestão de solução. Na melhor das hipóteses, elas resolverão seus próprios problemas e não o incomodarão. Na pior, perguntarão "você acha que essa solução vai funcionar?", o que é muito mais fácil de responder do que "o que eu faço agora?".

Seguindo essas sugestões para delegar bem, você estará preparado para ser um gestor mais eficaz. Você realizará mais porque os membros de sua equipe farão um trabalho mais adequado e aumentarão suas habilidades obtendo experiência relevante para seu próprio desenvolvimento. E, o que é mais importante, isso o deixará livre para aperfeiçoar suas habilidades de gestão.

Aperfeiçoando suas habilidades de gestão de processos

Gestão eficaz do tempo

Outra habilidade importante que você deve dominar como gestor é a de gerir bem seu tempo. Infelizmente, a incapacidade de controlar o tempo é um dos problemas mais comuns que enfrentamos na realização de nossos objetivos.

Para ajudá-lo a entender o que poderia impedi-lo de usar seu tempo eficazmente, classifique a lista de itens a seguir do maior obstáculo para o menor com o número 1 sendo o maior. Depois, determine que passos dar para superar esses obstáculos.

Falta de foco e motivação _____

Perturbações e interrupções constantes _____

Muito para fazer em pouco tempo _____

Recursos escassos para fazer o trabalho _____

Mau planejamento _____

Tendência a procrastinar _____

Incapacidade de se organizar ou estabelecer prioridades _____

Incapacidade de delegar com eficiência _____

Incapacidade de tomar decisões oportunas _____

Reuniões ineficazes que consomem tempo _____

Estresse _____

> *Não basta estar ocupado, as formigas também estão. A questão é: com o que estamos ocupados?*
>
> HENRY DAVID THOREAU

Princípios da gestão eficaz do tempo

Eis algumas sugestões para você obter o máximo de seu tempo:

1. Organize sua "casa". Arrume a bagunça da escrivaninha e organize o espaço de trabalho e a papelada com base na importância e frequência do uso.
2. Use ferramentas de gestão do tempo, como listas de coisas a fazer, blocos de tempo, lotes de tarefas, registros de tempo, listas de projetos, listas de prioridades e calendários.
3. Afixe as listas de coisas a fazer e prioridades; conceda a si mesmo recompensas quando os itens forem completados.
4. Estabeleça objetivos realistas, divida os objetivos em pequenas etapas e dedique-se a eles. Apenas comece — você ficará surpreso com quanto é fácil terminar.
5. Seja eficiente — planeje cada dia preenchendo pequenos espaços de tempo com itens pequenos de sua lista de coisas a fazer.
6. Siga seu relógio interno. Algumas pessoas são claramente da manhã ou da noite. Se você for uma delas, faça as coisas quando seu nível de energia e produtividade estiver no pico. Crie um cronograma para tirar proveito dos períodos de pico do dia.
7. Quando se vir em uma boa fase, tire proveito disso. Capitalize essas explosões de energia, motivação e criatividade. Essas boas fases podem "compensar" períodos improdutivos.

Aperfeiçoando suas habilidades de gestão de processos

8. Pense: "Amanhã vou sair de férias e tudo deve estar bem antes que eu me ausente." Aumente a produtividade e cuide de todos os assuntos urgentes, telefonemas e e-mails.

9. Aprenda a tomar boas decisões rapidamente.

10. Viva em compartimentos diários hermeticamente fechados, vendo cada dia como uma oportunidade de realizar algo importante. Remova distrações, minimize interrupções e se concentre no item ou projeto em questão.

11. Use atrasos forçados e pausas em benefício próprio, para se reenergizar e aumentar sua criatividade.

12. Não se comprometa demais. Não se ofereça para fazer trabalho adicional, apenas diga não — explicações nem sempre são necessárias.

13. Esqueça a atitude de "se eu quiser um trabalho bem-feito, tenho de fazê-lo eu mesmo". Delegue; confie nos outros para fazer o trabalho.

14. Ajuste sua atitude — programe seu despertador para tocar mais cedo e ponha entusiasmo em seu trabalho.

15. Vá a feiras de negócios e leia revistas de comércio para se inteirar de ideias e tecnologias que poupam tempo.

16. Tire proveito de erros determinando o que pode ser feito de um modo diferente da próxima vez.

Cuide dos minutos, e as horas cuidarão de si mesmas.

LORDE CHESTER

Como fazer sua (próxima) carreira decolar

Use registros de tempo mensais, semanais e diários

Eis alguns exemplos de registros de gestão do tempo:

Lista de projetos mensais	
Para o mês de _____	
Planejo fazer Preencha antes de o mês começar	**Notas de status** Preencha ao final de cada
Projeto 1: Ações a empreender	**Projeto 1:** Realizações
%0	%0
%0	%0
%0	%0
Projeto 2: Ações a empreender	**Projeto 2:** Realizações
%0	%0
%0	%0
%0	%0
Projeto 3: Ações a empreender	**Projeto 3:** Realizações
%0	%0
%0	%0
%0	%0

Aperfeiçoando suas habilidades de gestão de processos

Acrescente projetos adicionais conforme necessário.
Registro de tempo semanal

	Seg.	Ter.	Qua.	Qui.	Sex.
Antes das 7h					
7h					
7h30					
8h					
8h30					
9h					
9h30					
10h					
10h30					
11h					
11h30					
12h					
12h30					
13h					
13h30					
14h					
14h30					
15h					
15h30					
16h					
16h30					
17h					
17h30					
18h					
18h30					
Após 18h30					

Como fazer sua (próxima) carreira decolar

Registro de tempo diário

Dia da semana _____

Antes das 7h	
7h	
7h30	
8h	
8h30	
9h	
9h30	
10h	
10h30	
11h	
11h30	
12h	
12h30	
13h	
13h30	
14h	
14h30	
15h	
15h30	
16h	
16h30	
17h	
17h30	
18h	
18h30	
Após 18h30	

Aperfeiçoando suas habilidades de gestão de processos

A tirania do urgente

Uma das causas mais comuns de incapacidade de atingir objetivos é confundir o que é urgente com o que é importante. Crises surgirão e devem ser resolvidas, mas você não deve perder de vista o que é realmente essencial para o sucesso a longo prazo.

Algumas coisas são urgentes e importantes, como lidar com grandes crises, cumprir prazos e resolver conflitos.

Outras podem ser urgentes, mas não importantes, como telefonemas, interrupções, e-mails, mensagens de texto e coisas desse tipo.

Outras ainda não são nem urgentes e nem importantes, como *spam*, trabalho irrelevante só para passar o tempo e tratar de assuntos pessoais em seu computador.

Gestores eficazes têm em mente o que é urgente e a importância de tarefas ao usar seu tempo.

Priorize

Se quiser fazer bom uso de seu tempo, você tem de saber
o que é mais importante e se dedicar totalmente a isso.

LEE IACOCCA

Você conduz pessoas e estabelece prioridades para atender à demanda de sua indústria e de seus clientes e atingir os resul-

Como fazer sua (próxima) carreira decolar

tados que deseja. Em um mundo perfeito, tempo, custo e qualidade seriam iguais.

Mas a realidade do mundo atual é que você tem de fazer mais — melhor e mais rápido — com menos, de modo que é preciso priorizar. É importante saber o que governa seu mundo e se seus chefes, seus colegas e sua organização concordam sobre quais fatores dominam seu negócio. Esse conhecimento ajudará a garantir que suas prioridades estarão em sincronia com as de sua organização.

Eis algumas diretrizes para ajudar a estabelecer prioridades:

- Prepare uma lista de coisas a fazer.
- Disponha-a em ordem de importância para você, pessoal e profissionalmente.
- Leve em consideração como certos itens de sua lista poderiam afetar outras pessoas (por exemplo, alguém poderia precisar de algo para fazer seu trabalho).
- Indique prazos para cada tarefa.
- Examine as consequências de não cumprir o prazo de uma determinada tarefa.
- Reveja as recompensas de cumprir o prazo da tarefa.
- Delegue ou elimine itens no fim da lista. Provavelmente eles não valem seu tempo.

Priorize preocupações com temas polêmicos

Pesquisas atuais sugerem que líderes voltados para a ação veem seus projetos e objetivos de alta prioridade — seus "temas po-

Aperfeiçoando suas habilidades de gestão de processos

lêmicos" — de um modo muito amplo e estratégico. Eles podem ser bem-sucedidos em comunicar o contexto comercial atual dos projetos, o papel estratégico destes e como os acionistas são impactados pela conclusão bem-sucedida dos mesmos. Podem explicar sucintamente em que e como seus projetos se relacionam com a estratégia comercial geral da organização.

Alguns exemplos de temas polêmicos poderiam ser:

- Crescimento da receita;
- Expansão da participação no mercado;
- Melhor satisfação e retenção de clientes;
- Redução de custos;
- Aumento da produtividade;
- Soluções criativas para vencer desafios.

O Princípio de Pareto e a Regra 80/20

Em 1906, o economista italiano Vilfredo Pareto criou uma fórmula para descrever a distribuição desigual das riquezas em seu país. Especificamente, observou que vinte por cento das pessoas retinham oitenta por cento das riquezas. (É claro que hoje nos Estados Unidos a desigualdade é ainda maior.)

Depois que Pareto fez essa observação e criou sua fórmula, outros observaram fenômenos parecidos em suas áreas de especialidade. O pioneiro em gestão de qualidade, Joseph Juran, reconheceu um princípio universal que chamou de "poucos vitais e muitos triviais". A observação do Dr. Juran levou ao princípio de que vinte por cento de algo geralmente é respon-

Como fazer sua (próxima) carreira decolar

sável por oitenta por cento dos resultados. Isso se tornou conhecido como o Princípio de Pareto ou a Regra 80/20.

Exemplos da Regra 80/20:

- Vinte por cento do estoque ocupam oitenta por cento do depósito.
- Oitenta por cento das vendas vêm de vinte por cento da equipe de vendas.
- Vinte por cento da equipe causarão oitenta por cento dos problemas.
- Vinte por cento da equipe fornecerão oitenta por cento da produção.
- Vinte por cento das atividades produzirão oitenta por cento dos resultados.

É claro que esses números *não são* necessariamente aplicáveis a todas as circunstâncias em todas as organizações. Mas podemos usar a regra metaforicamente para representar a desigualdade comum na distribuição e contribuição. Esse conceito pode ser uma ferramenta muito útil para a gestão do tempo. Deveria ser um lembrete diário para concentrarmos o equivalente a oitenta por cento de nosso tempo e energia em vinte por cento das tarefas realmente importantes.

Cinco modos de causar um impacto imediato

Na maioria das organizações, há muita competição entre pessoas bem qualificadas por avanço na hierarquia. Um ótimo

Aperfeiçoando suas habilidades de gestão de processos

modo de começar é causar um impacto imediato no sucesso da organização. Eis cinco modos de causar rapidamente um impacto positivo.

1. Economize dinheiro. Continuar a procurar modos de economizar dinheiro sem sacrificar a qualidade de produtos e serviços está no cerne de todas as organizações bem-sucedidas. Se você puder examinar custos ocultos e tomar medidas para cortar custos, as despesas gerais poderão ser reduzidas e seus esforços produzirão maior receita. Faça todos os membros da equipe darem sugestões para reduzir custos.

2. Economize tempo. Tempo é essencial — e tempo é dinheiro. Todos os membros sagazes da administração sênior entendem que o dinheiro é o mais escasso dos recursos. Se você puder encontrar modos de poupar dinheiro racionalizando processos e eliminando atividades supérfluas, causará um impacto imediato.

3. Melhore a qualidade. Pedir feedback e ouvir seus clientes e vendedores pode fornecer informações valiosas para melhorar a qualidade de seus produtos e serviços. Pesquisas e avaliações oferecem excelentes *insights* de como aumentar a base de clientes e reduzir a concorrência. Gerar confiança, exceder expectativas, oferecer um ótimo atendimento ao cliente e pedir indicações são apenas alguns dos modos de aumentar as vendas e desenvolver um negócio. Você pode causar um impacto imediato aumentando sua participação no mercado.

5. Melhore a imagem da marca. Praticamente tudo que você faz e diz reflete na imagem de sua marca. Da atitude de

Como fazer sua (próxima) carreira decolar

sua equipe de vendas ao *layout* de seus materiais de marketing e colaterais, ao atendimento ao cliente e à qualidade, tudo tem um impacto em sua imagem. Todas as empresas bem-sucedidas têm uma imagem de marca forte. Elas conseguem se diferenciar claramente da concorrência.

E uma consciência de sua concorrência é crítica para a gestão de sua marca. Uma simples busca na Internet sobre o ramo em que sua empresa se concentra tende a fornecer informações abundantes. Tome nota da dimensão de seus concorrentes, do escopo dos serviços que eles fornecem e da área geográfica que atendem. Reveja seus *websites* e tome nota do que os torna similares ou diferentes de sua empresa. Quando estiver de posse dessas informações, você poderá determinar o que poderia ser feito para aumentar a visibilidade de sua empresa no ramo, destacando-a das outras. Você pode causar um impacto imediato procurando continuamente modos de melhorar a imagem de sua marca.

Análise SWOT

Como candidato a promoção, você é constantemente avaliado por membros de sua organização. Para manter-se à frente das ideias da administração sênior sobre você, é imperativo que se autoavalie cuidadosamente em uma base regular. Uma ferramenta para isso é a análise SWOT [de Strengths, Weaknesses, Opor-

Aperfeiçoando suas habilidades de gestão de processos

tunities e Threats]. A análise SWOT é usada para entender as Forças, Fraquezas, Oportunidades e Ameaças que se enfrenta ao tentar atingir um determinado objetivo ou resultado. Ela nos fornece *insights* dos desafios com que poderíamos nos deparar.

A análise SWOT possibilita focar nas forças, minimizar as fraquezas, lidar com as ameaças e tirar o maior proveito possível das oportunidades disponíveis.

Considere as perguntas a seguir para identificar forças:
O que você faz excepcionalmente bem?
Que vantagens você tem?
Que ativos e recursos você tem?

Considere as perguntas a seguir para identificar fraquezas:
O que você poderia fazer melhor?
Que tipo de críticas você tem recebido?
Quais são as suas vulnerabilidades?

Considere as perguntas a seguir para descobrir ameaças ao sucesso:
Que desafios poderiam impedir seu sucesso?
Qual é o seu plano para superar esses desafios?

Identifique oportunidades fazendo as perguntas a seguir:
De quais oportunidades você tem conhecimento?
Você está consciente das tendências que pode capitalizar?
Como suas forças serão usadas para garantir o sucesso?

Como fazer sua (próxima) carreira decolar

O processo de inovação

Há séculos as pessoas ficam fascinadas com o processo criativo — a série de passos ordenados por meio dos quais uma pessoa ou um grupo de pessoas usa os princípios do pensamento criativo para analisar um problema ou uma oportunidade de maneira sistemática, imparcial e aparentemente não convencional. Alguns pesquisadores têm tentado entender o que "torna" uma pessoa criativa. Outros têm examinado o tipo de ambiente que estimula o esforço criativo e possibilita que ele prospere. Outros ainda têm se concentrado no desenvolvimento de produtos e serviços criativos. Recentemente, pesquisas modernas sobre ciências sociais e comportamentais desmistificaram o conceito mostrando como até mesmo os poderes mais modestos de raciocínio, análise e experimentação podem nos ajudar a obter *insights* da natureza da inovação em suas muitas faces e expressões.

Essa maior consciência e compreensão despertou o interesse de gestores em todo o mundo conscientes da qualidade que reconheceram os enormes benefícios de desenvolver poderes criativos e habilidades de solução de problemas em seus subordinados. De fato, pesquisas mostraram que a capacidade de pensar criativamente — de analisar problemas e oportunidades de maneira inovadora — frequentemente é considerada uma das habilidades mais valiosas entre os gestores em organizações que têm compromisso com o aperfeiçoamento contínuo. Por quê? Porque ideias criativas resultam em novas descobertas, modos melhores de fazer coisas, redução de custos e melhor desempenho — algo vital para pessoas de negócios operarem

Aperfeiçoando suas habilidades de gestão de processos

nos ambientes competitivos modernos. Por esse motivo, a inovação deve ser considerada um recurso e gerida como tal, para a satisfação de sua clientela.

> *Você pode dizer que eu sou um sonhador, mas não sou o único. Espero que algum dia você se junte a nós. E o mundo viverá como um só.*
>
> JOHN LENNON

O mecanismo do pensamento

O mecanismo do pensamento do cérebro humano pode ser descrito como consistindo em dois lados: uma parte para pensamento desinibido e criativo, e a outra para pensamento judicioso ou analítico.

Pensamento de sinal verde. Ao longo dos anos, o termo "pensamento de sinal verde" tem sido aplicado ao processo de pensamento mais conducente à produção de ideias criativas. Nesse caso, a quantidade — não a qualidade — de ideias é enfatizada. Pensamento de sinal verde inclui:

- Julgamento adiado;
- Brainstorming;
- Foco na quantidade;
- Fluência de ideias;

Como fazer sua (próxima) carreira decolar

O melhor modo de ter uma boa ideia é ter muitas ideias.

DR. LINUS PAULING

Pensamento de sinal vermelho. A parte judiciosa da mente analisa e avalia ideias que emanam do lado desinibido do cérebro. Aqui o foco é na qualidade das ideias. O termo "pensamento de sinal vermelho" frequentemente é usado para descrever esse processo. Inclui:

- Pensamento seletivo;
- Segue-se ao pensamento de sinal verde;
- Foco na qualidade;

Pensamento de sinal verde e pensamento de sinal vermelho são dois processos diferentes e deveriam ser sempre separados.

Como a maioria de nossos processos e sistemas educativos se dedica a desenvolver a função do pensamento judicioso (isto é, uma capacidade de tomar decisões, comparar e avaliar situações, distinguir certo de errado e coisas desse tipo), a maioria das pessoas tem muito mais habilidades criativas do que percebe. De fato, nosso potencial nessa área está sempre presente e pode ser facilmente desenvolvido com o treinamento adequado.

Desenvolvendo suas habilidades criativas

Muitas pessoas não se consideram inovadoras. Achamos que a criatividade é uma característica inata limitada a pessoas como

Aperfeiçoando suas habilidades de gestão de processos

Leonardo da Vinci, Thomas Edison, Bill Gates ou Steve Jobs. Esse não é o caso. Todos nós temos a capacidade de criar.

Comece procurando qualquer produto, serviço ou situação em que o processo de inovação a seguir possa ser utilizado como uma ferramenta para resolver problemas ou explorar oportunidades. O processo deveria ser empregado com uma atitude de descontentamento construtivo, isto é, deveríamos ver nossos processos de negócios e produtos com um olhar crítico producente. A série de passos a seguir visa ajudar você a ver seu negócio de um novo modo.

Passo 1: Visualização

Qual é sua meta ou seu objetivo? Crie uma imagem do resultado que deseja obter e desenvolva uma visão de como *será* a situação ideal. Seja a superação de um problema ou uma oportunidade de aperfeiçoamento, o processo de visualização ajudará a definir o cenário e motivá-lo a ir em frente.

Passo 2: Averiguação

Averigue os fatos. Olhe para o "quem", "o que", "quando", "onde", "por que" e "como" das situações. Independentemente de esses detalhes serem positivos ou negativos, eles devem ser fatuais. Nós adiamos julgamento sobre os fatos e simplesmente os acumulamos. Uma vez reunidos, os fatos que acumulamos se tornam "sintomas" ou "causas" que, quando eliminadas, levarão

Como fazer sua (próxima) carreira decolar

à resolução dos desafios. Tenha em mente que a "solução certa para o problema errado é mais perigosa do que a solução errada para o problema certo." Quando corretamente identificados, oportunidades e/ou problemas podem ser priorizados.

Passo 3: Encontrar oportunidades

A maneira como você declara a oportunidade ditará se você obterá *input* criativo ou julgador. O objetivo é adiar julgamento e evitar "um dedo apontado" mental ou verbalmente. Por isso, a oportunidade deveria ser expressa desta forma: "De que maneiras podemos...?" Por exemplo, "De que maneiras podemos aumentar as vendas?" ou "De que maneiras podemos reduzir os custos?"

Passo 4: Encontrar ideias

Ideias podem ser encontradas em uma base individual ou em um grupo. A participação do grupo é popularmente chamada de "tempestade cerebral". Nenhum pensamento julgador é permitido nessa etapa.

Para garantir que eliminaremos a autocensura (provocada pelo medo de constrangimento), devemos pedir aos participantes que escrevam antes de falar. Escrever ideias faz com que as pessoas se concentrem na quantidade *versus* qualidade. Possibilita a "fluência de ideias" sem que membros do grupo reajam às opiniões, às ideias ou às personalidades dos outros.

Aperfeiçoando suas habilidades de gestão de processos

Passo 5: Encontrar solução

O pensamento judicioso ocorre no passo de encontrar solução, onde se avaliam as ideias produzidas na etapa de pensamento de sinal verde. Depois de escrita suficiente, o facilitador deveria deixar os outros falarem primeiro para evitar corromper o processo. Durante a discussão das "ideias mais tolas", o facilitador deve ser o primeiro a garantir que os participantes não se autocensurarão. Adie julgamento, busque quantidade e estimule o surgimento de novas ideias a partir das oferecidas.

Com base nas ideias que foram geradas, você pode se perguntar: "Em que critérios essas soluções *devem* se encaixar? Quais critérios *realmente* devemos obter como resultado?"

Determinar critérios absolutos e desejáveis torna o processo de tomada de decisões mais objetivo e menos pessoal.

Passo 6: Encontrar aceitação

Salvo se você vai implementar pessoalmente a solução, é preciso envolver outras pessoas, e isso pode ser um desafio totalmente novo. Você deve prever objeções à sua ideia e talvez recomeçar o processo na etapa de Encontrar Oportunidades (isto é, "De que maneira podemos obter aceitação?"). Portanto, o processo de inovação nem sempre é uma técnica linear; uma solução pode se tornar um novo problema.

Como fazer sua (próxima) carreira decolar

Passo 7: Implementação

Nos passos dos pensamentos de sinal verde e sinal vermelho, identificamos ideias e soluções. Agora precisamos pô-las em prática. Faça um cronograma para cada fase do projeto até sua conclusão.

Passo 8: Acompanhamento

Acompanhando, você garante que manterá o rumo certo. Marque reuniões de acompanhamento em trinta e sessenta dias, ou outro tempo que seja apropriado para o progresso do projeto. Não adie o que começou. Mantenha a energia e motivação.

Passo 9: Avaliação

É sempre útil olhar para trás e ver se seus esforços foram frutíferos. Você obteve o resultado que esperava? As coisas pareceram se encaixar? Esse último passo diz tudo sobre o processo.

> *O capital não é tão importante nos negócios. A experiência não é tão importante. Você pode obter ambas as coisas. O importante são as ideias. Se você tem ideias, tem o principal ativo de que precisa, e não há nenhum limite pra o que pode fazer com seu negócio e sua vida.*
>
> HARVEY FIRESTONE

Aperfeiçoando suas habilidades de gestão de processos

Aumentando a participação do grupo

Você não pode sintonizar os processos de sua organização sozinho. Líderes bem-sucedidos não só encorajam a participação dos colegas no desenvolvimento de inovações como também a transformam em parte integrante do trabalho deles.

Algumas sugestões para ajudar a aumentar a participação do grupo incluem:

1. Crie um ambiente que encoraje ideias.
2. Deixe todos os participantes estudarem o problema ou a oportunidade antes da reunião.
3. Faça reuniões com vinte a trinta minutos de duração.
4. Incentive cada participante a apresentar ideias, não importa quanto possam parecer irrelevantes ou tolas. O que parece ser uma ideia de pouco valor pode gerar ideias nas mentes dos outros participantes.
5. Não dê o "sinal vermelho" para nenhuma ideia oferecida.
6. Nunca avalie nenhuma das respostas; permaneça neutro.
7. Não dê suas ideias na reunião.
8. Estimule o pensamento inovador.
9. Incentive os participantes a "pegar carona" nas ideias dos outros ou desenvolvê-las.
10. Busque quantidade de ideias.
11. Permita que cada conceito forneça a base para a consideração de todas as ideias relacionadas ou similares.
12. Desestimule os participantes a avaliar as ideias.
13. Desestimule os participantes a "vender" as ideias.
14. Registre cada resposta dada.

Como fazer sua (próxima) carreira decolar

15. Reveja a lista.
16. Permita que as pessoas façam acréscimos à lista.
17. Entregue uma cópia para todos os participantes até uma semana depois da reunião.

Resumo

- Nenhum trabalho pode ser realizado com sucesso sem cuidadoso planejamento.
- Os oito passos para o planejamento eficaz são:

  - Afirmar explicitamente o que se quer conseguir.
  - Avaliar a situação atual.
  - Estabelecer metas imediatas, intermediárias e de longo prazo.
  - Determinar a ação a ser realizada.
  - Analisar os custos — determinar o orçamento para o projeto.
  - Cronogramas — fazer um cronograma para cada fase do projeto até sua conclusão.
  - Obter o compromisso de todos os participantes para garantir a implementação do plano.
  - Acompanhamento — analisar e corrigir desvios.

- Não se pode realizar a maioria dos projetos sozinho. Designe fases para membros qualificados da equipe e lhes dê o poder e a autoridade para cumpri-las.

Aperfeiçoando suas habilidades de gestão de processos

- Ao delegar tarefas, certifique-se de que as instruções foram claramente entendidas e aceitas.
- Estabeleça pontos de controle para encontrar erros antes que se transformem em catástrofes.
- As pessoas a quem delegamos funções quase sempre têm perguntas, buscam conselhos ou precisam de ajuda. Esteja lá para elas, mas não as deixe atirar todo o projeto de volta para você. Faça-as saber que está disponível para ajudar, aconselhar e apoiar, mas não para fazer o trabalho delas.
- Gestores devem administrar seu tempo eficazmente. Reveja as dezesseis formas de economia de tempo relacionados neste capítulo.
- Use registros de tempo mensais, semanais e diários.
- Para usar mais eficazmente seu tempo, é preciso saber, e depois priorizar, o que é mais importante.
- Ao estabelecer suas prioridades, considere os "temas polêmicos" — aqueles que preocupam mais a administração sênior e os acionistas.
- Cinco modos de causar um impacto imediato:

1. Economizar dinheiro.
2. Economizar tempo.
3. Melhorar a qualidade.
4. Aumentar a participação no mercado.
5. Melhorar a imagem da marca.

- A capacidade de inovar, criar novos produtos ou sistemas e de aperfeiçoar produtos, serviços ou sistemas existentes

Como fazer sua (próxima) carreira decolar

é um ativo que os administradores seniores procuram ao promover pessoas a cargos de gestão.

- O mecanismo do pensamento do cérebro humano pode ser descrito como consistindo em dois lados: uma parte para pensamento desinibido e criativo (pensamento de sinal verde) e outra para pensamento judicioso ou analítico (pensamento de sinal vermelho).
- Todos nós temos a capacidade de criar. Comece procurando qualquer produto, serviço ou situação em que o processo de inovação possa ser utilizado como uma ferramenta para resolver problemas ou explorar oportunidades.
- Encoraje sua equipe promovendo um ambiente criativo, cooperativo e apoiador sempre aberto a novas ideias e novos conceitos.

CAPÍTULO CINCO

Aperfeiçoando suas habilidades de falar em público

Líderes devem ser excelentes comunicadores. Uma parte significativa do treinamento para a promoção é voltada para a capacidade de apresentar suas ideias a outras pessoas, tanto oralmente quanto por escrito, e obter sugestões delas. Neste capítulo, discutiremos como aperfeiçoar suas técnicas para falar em público. No Capítulo Seis, trataremos de suas habilidades de escrita.

Apresentações informativas

O tipo mais comum de apresentação de negócios é a apresentação informativa. Todas as semanas em sua carreira, talvez até todos os dias, você ouve apresentadores dando informações que variam de relatórios de status a diretrizes de procedimento e mudanças políticas. Para muitos de nós, a maioria das apresen-

Como fazer sua (próxima) carreira decolar

tações que fazemos se encaixa na categoria informativa, de um modo ou de outro.

- Como líder, será pedido a você que faça muitas apresentações em diversas situações. Elas incluem:
- Sessões de treinamento.
- Reuniões de vendas/atualizações de reuniões de equipe.
- Apresentações de status de projetos.
- Apresentações de resultados financeiros.
- Lançamentos de produtos/projetos.
- Apresentações técnicas.
- Reuniões de orientação.
- Apresentações para associações profissionais e comerciais.
- Apresentações para câmaras de comércio, clubes de serviços e outras organizações comunitárias.
- Algumas pessoas são muito boas em fazer apresentações informativas. Saímos da seção de apresentação com uma clara compreensão da mensagem, do resultado final desejado e dos pontos-chave de que precisamos nos lembrar. Por outro lado, muitas apresentações informativas são desorganizadas, difíceis de acompanhar e nos deixam com apenas uma vaga ideia do motivo de sua apresentação.
- Ao se preparar para ocupar cargos de gestão, você deve aprender a abordagem dessas apresentações passo a passo a fim de se certificar de que suas mensagens serão explícitas, seu público permanecerá interessado e você cobrirá todos os pontos relevantes.

Aperfeiçoando suas habilidades de falar em público

Tudo em que se pode pensar, pode ser pensado claramente. Tudo que pode ser dito, pode ser dito claramente.

LUDWIG WITTGENSTEIN

Avaliação do planejamento da apresentação

Para avaliar a maneira como você faz apresentações informativas, responda às afirmações a seguir usando "S" para sempre, "A" para às vezes e "N" para nunca.

1. Planejo cuidadosamente como transmitir minha informação. _____
2. Uso ferramentas visuais para tornar minha mensagem mais fácil de entender. _____
3. Preparo folhetos ou uma apresentação de PowerPoint para reforçar minha mensagem. _____
4. Conduzo sessões de perguntas e respostas depois de dar a informação. _____
5. Faço acompanhamento para me certificar de que os ouvintes entenderam minha mensagem. _____
6. Peço feedback para ver quão bem transmiti minha mensagem. _____
7. Ensaio minhas apresentações antes de fazê-las. _____
8. Uso uma abordagem estruturada para preparar minha mensagem. _____
9. Pesquiso evidências para tornar minha mensagem mais convincente. _____

Como fazer sua (próxima) carreira decolar

10. Uso exemplos e ilustrações para ser mais interessante. ____

11. Limito o conteúdo às informações mais relevantes. ____

12. Frequentemente faço um resumo para manter meu público no rumo certo. ____

13. Obtenho feedback de meus colegas sobre minhas apresentações. ____

14. Meu público permanece interessado quando estou apresentando a informação. ____

15. Sou capaz de fazer a apresentação com energia e entusiasmo. ____

O objetivo é que você treine para responder com um "S" a todas essas afirmações.

Quem é seu público?

Apresentadores profissionais levam seu público em consideração ao planejar uma apresentação informativa. Um dos maiores desafios desse tipo de apresentação é certificar-se de que não esteja falando acima ou abaixo do nível de conhecimento e especialização de seu público. Muitas audiências são formadas por indivíduos com diversos níveis de experiência, o que torna essa tarefa ainda mais difícil.

Ao planejar uma apresentação informativa, você deve esforçar-se para aprender o máximo possível sobre a familiaridade de seu público com o tema.

Aperfeiçoando suas habilidades de falar em público

- Quanto esse público é versado no tema da sua apresentação?
- Você está falando, por exemplo, para engenheiros, usuários finais ou ambos?
- Precisa fornecer informações básicas para pôr seu tema em perspectiva, ou esse público conhece o contexto de sua mensagem?
- Que experiência anterior ou formação os membros do público têm do tema?
- Esse tema é algo com que lidam todos os dias ou todas as semanas, ou é novo para eles?
- Se eles têm experiência nesse tema, que tipos de questões ou preocupações surgiram no passado que gostariam de ver abordadas?
- Há algum motivo para acreditar que seu público nutre um sentimento forte em relação ao tema de sua apresentação?
- Se existem problemas, que tipos de atitudes se refletem nesse público?
- Que problemas ou críticas esse público teve em relação ao seu tema?
- Quais personalidades estarão presentes que podem ter tendências a favor ou contra suas mensagens-chave?
- Esse é um grupo que precisa de todos os detalhes que se possa fornecer ou está apenas em busca de um resumo do tema?
- Quanto esse grupo será impactado por sua mensagem? Quanto você os pedirá para mudar o que já estão fazendo?
- Há questões políticas ou de segurança em sua mensagem que exigem informações detalhadas para o público?

Como fazer sua (próxima) carreira decolar

Planejando sua apresentação

O propósito de sua apresentação é transmitir informações. Seu objetivo é transmiti-las para o público de um modo interessante, envolvente e profissional.

Os ouvintes podem preferir apresentações breves e organizadas que vão rápida e claramente aos pontos principais.

No planejamento da apresentação, há cinco elementos críticos para o sucesso, facilmente lembrados como a fórmula LIONS:

L (*language*) = linguagem fácil de entender
I (*ilustration*) = ilustrações e exemplos
O (*organization*) = organização cuidadosa de ideias
N (*narrow*) = foco estreito na apresentação
S (*summarize*) = resumo

Linguagem fácil de entender

Não presuma que o público esteja familiarizado com o ramo ou o jargão da empresa, abreviações ou gírias. Definir termos brevemente ao fazer a apresentação não toma muito tempo. Se você se comprometer a usar as palavras reais, em vez de acrônimos ou abreviações, se certificará de que todos na plateia entenderão sua mensagem.

Aperfeiçoando suas habilidades de falar em público

Ilustrações e exemplos

Apresentações informativas repletas de fatos e números podem realmente testar a capacidade de atenção do público. Usar um exemplo do mundo real, uma história relevante ou um *slide* de PowerPoint com fotografias ou gráficos quebrará a monotonia e engajará os ouvintes.

Organização cuidadosa de ideias

Todos já tiveram a experiência de ouvir oradores que não organizaram seu material, de modo que passavam de um ponto para o outro aleatoriamente, deixando o público confuso e desengajado. Dedique tempo a organizar o material de maneira lógica e fácil de acompanhar.

Foco estreito na apresentação

A menos que você esteja conduzindo sessões de treinamento em que orientações detalhadas podem ser necessárias, a maioria das pessoas não precisa de fatos e números, apenas dos que são relevantes para elas. O desafio é encontrar um modo de estreitar o tema para a apresentação específica e dar ao público informações suficientes, e não mais, dentro do tempo estabelecido para a apresentação.

Como fazer sua (próxima) carreira decolar

Resumo

Termine a apresentação resumindo os pontos principais, especialmente o resultado desejado. Isso deixa o público com uma impressão final do que é claro e memorável. Se passar para a parte de perguntas e respostas, repita o resumo depois das perguntas e respostas.

> *Muitas palestras não são claras porque o orador pretende estabelecer um recorde de assuntos cobertos no tempo estabelecido.*
>
> DALE CARNEGIE

Estrutura da apresentação

Uma apresentação inovadora manterá o público intrigado, mas é melhor guardar a inovação para o tema. Em termos de como fazer sua apresentação, seguir uma estrutura tradicional ajuda a garantir o sucesso.

Abertura: declaração do tema

O discurso de abertura no qual você declara o tema deve ser breve e claro. Não deixe nenhuma dúvida na mente dos ouvintes quanto ao tema da apresentação.

Aperfeiçoando suas habilidades de falar em público

Declare a mensagem-chave: resultado desejado

A declaração da mensagem-chave deveria dar ao público uma imagem nítida da mensagem principal de sua apresentação. Ela deve ser simples, direta e comunicar ao público para onde vai com a informação. Deveria responder a esta pergunta na mente do público: "Por que eu deveria ouvir essa apresentação?"

Pontos-chave atuais e resultados esperados

Depois da declaração da mensagem-chave, fale em uma linguagem direta para o público sobre os pontos-chave e os resultados esperados. Em geral, ao afirmar seus pontos/resultados esperados, quanto menos palavras, melhor. Para enfatizar a mensagem-chave a ser transmitida, reafirme-a ou reitere o resultado desejado de sua apresentação. Isso deixa os ouvintes com uma mensagem da qual eles vão se lembrar muito depois da apresentação.

Tipos de evidências

Depois de transmitir para seu público o que deseja, você deve apresentar indícios que apoiem seu discurso. Existem várias formas de comprovação que se pode usar. É possível identificar vários tipos de evidência usando o acrônimo *DEFEATS*:

Como fazer sua (próxima) carreira decolar

D (*demonstrtaions*) = Demonstrações
E (*examples*) = Exemplos
F (*facts*) = Fatos
E (*exhibits*) = Exibições
A (*analogies*) = Analogias
T (*testimonials*) = Testemunhos
S (*statistics*) = Estatísticas

Sua apresentação será mais interessante e convincente se você usar vários tipos de evidências para apoiar sua mensagem.

Encerramento

Reafirme a mensagem-chave. Reitere o que deseja que os participantes façam:

- Realizar uma ação específica;
- Praticar uma nova técnica;
- Traçar um plano para implementar os pontos discutidos;
- Treinar seus subordinados na área coberta na palestra;
- Outra ação pertinente.

Ao concluir, agradeça ao público por sua atenção e seu compromisso.

> *Pense como os homens sábios pensam, mas só fale como as pessoas simples falam.*
>
> ARISTÓTELES

Aperfeiçoando suas habilidades de falar em público

Usando recursos visuais para reforçar sua mensagem

As apresentações são mais interessantes e envolventes quando são usados recursos visuais para fazer as observações. Pôr dados em um gráfico ou uma tabela faz sua mensagem ser mais rápida e facilmente entendida. Diagramas e fotografias atraem a atenção dos ouvintes para sua apresentação. Considere folhetos como uma forma de tornar as informações acessíveis ao público após uma apresentação.

Os recursos visuais também podem ser usados em uma comunicação individual. Ao treinar seu pessoal para lidar com indenizações de seguros, Joan descobriu que o processo era muito mais facilmente entendido quando ela desenhou um fluxograma ao descrevê-lo. Ao ensinar cada fase, desenhou caixas para cada passo e setas mostrando o movimento passo a passo.

Steve aprendeu, com uma experiência difícil, que dizer ao seu pessoal como fazer o trabalho não era suficiente. Se levava as pessoas de um local para o outro no depósito, elas tinham dificuldade em entender o que ele estava ensinando. Isso consumia muito tempo. Steve simplificou o treinamento desenhando um modelo dos locais no depósito com o qual podia orientar seu pessoal ao lhes falar sobre o trabalho que fariam.

Muitos executivos têm cavaletes em seus escritórios de modo que podem usar meios visuais para melhorar sua comunicação oral. Ilustrando os temas discutidos com gráficos, tabelas, diagramas ou croquis, a apresentação se torna muito mais eficaz. As pessoas tendem a aprender mais rápido e se lembrar por mais tempo de um tema em que a apresentação é aprimorada por imagens visuais.

Como fazer sua (próxima) carreira decolar

Um dos professores mais populares da faculdade de jornalismo da Syracuse University também era um cartunista. Ele desenhava cartuns e caricaturas enquanto lecionava. Seus colegas zombavam dessa prática e a consideravam muito pouco profissional. "Ele só está divertindo seus alunos, não ensinando", diziam. Sim, seus alunos achavam aquilo divertido, mas absorviam muito mais informações do que assimilariam apenas com as lições. Anos depois, seus alunos ainda se lembravam de seus ensinamentos.

Há muitos tipos de recursos visuais, entre eles:

- Tabelas;
- Gráficos;
- Fotografias;
- Diagramas;
- Folhetos;
- Modelos de trabalho;
- Vídeos.

Tipos de recursos visuais para apresentações

O tipo de recurso visual a ser empregado depende do tamanho do público. Para grupos pequenos, tabelas, gráficos, diagramas e outros que podem ser afixados na parede da sala ou postos em um cavalete. Vídeos poderiam ser mostrados em uma tela de TV pequena ou como um PowerPoint em um *laptop* ou computador. Quadros-negros poderiam ser usados quando apropriado.

Aperfeiçoando suas habilidades de falar em público

Para públicos maiores, tabelas, gráficos, fotos e material relacionado podem ser mostrados em slides de PowerPoint. Vídeos ou *slides* podem ser projetados em uma tela grande. Quadros estatísticos e tabelas mostrando muitos números são mais bem apresentados em folhetos.

Pedindo feedback

Os profissionais de negócios buscam modos de obter feedback sobre a clareza e relevância de suas apresentações informativas. Alguns dos modos pelos quais podemos obter feedback incluem:

Conduzir uma sessão de Perguntas e Respostas

As perguntas feitas pelo público dizem se sua mensagem foi compreensível. Esse é o modo mais imediato de obter feedback de seus ouvintes. Se houver perguntas que indiquem falta de clareza, pode-se aproveitar a oportunidade para reafirmar seu argumento e oferecer evidências adicionais que apoiem sua mensagem.

Acompanhamento com um questionário

Questionários podem ser distribuídos no fim da própria apresentação ou como um acompanhamento. Questionários

Como fazer sua (próxima) carreira decolar

por e-mail dão tempo para a apresentação ser processada pelos participantes antes de fazerem uma avaliação da sua mensagem.

Peça uma avaliação detalhada

Antes da apresentação, pergunte a pessoas específicas se elas estariam dispostas a lhe dar *feedback* depois de sua apresentação. Diga-lhes quais são seus objetivos na apresentação e as habilidades que está tentando aperfeiçoar. Peça sugestões sobre como tornar a mensagem mais fácil de entender e sobre como melhorar seu desempenho em apresentações futuras. Ao considerar as respostas, procure por sugestões que possam ser expressas visualmente, como tabelas ou gráficos.

Teste de conhecimento

Há vários modos de "testar" o público para ver se sua mensagem está sendo bem transmitida. Um deles é fazer perguntas para o grupo no fim da apresentação para ver quão bem as pessoas conseguem se lembrar da informação-chave. Outro modo é criar um teste para avaliar a retenção da mensagem por parte dos ouvintes. Outros modos incluem telefonemas ou e-mails de acompanhamento.

Aperfeiçoando suas habilidades de falar em público

Apresentações para obter input

Além de fazer uma apresentação para dar informações, às vezes o objetivo é obter informações. Para ser eficaz, a abordagem desse tipo de apresentação será um pouco diferente.

Conheça seu público

Ao planejar uma apresentação para obter *input* é essencial considerar as pessoas das quais se deseja obtê-lo. É preciso saber o máximo que se pode sobre as pessoas do grupo a quem se está dirigindo. Alguns aspectos que devemos aprender sobre o público são:

Conhecimento do tema

Para obter *input*, tipicamente incluímos participantes com um conhecimento profundo do tema. Contudo, às vezes podemos desejar um público com pouca ou nenhuma experiência do tema, como em pesquisas de mercado.

Experiência prévia com o tema

O público inclui indivíduos que tiveram várias experiências no tema? Se sim, como eles reagiram — positivamente ou negativamente? Qual é a extensão dessa experiência?

Nível de preparação exigido para a reunião

Se você está buscando *input* fundamentado, podemos precisar pedir aos participantes que façam algum trabalho antes da reunião. Considere o que podem precisar trazer com eles para a apresentação na forma de documentação, trabalho de casa, pesquisa ou planejamento.

Tendência individual concernente ao tema

Você está consciente das tendências a favor ou contra o tema? O público inclui indivíduos que são campeões nesse tema ou contrários a alguns aspectos dele?

Atitudes de abertura mental e cooperação

Reveja os participantes da apresentação. Eles incluem pessoas abertas a troca de ideias e opiniões? Relutam em se manifestar? Esse público cooperará com a agenda e o objetivo?

Grau de detalhes preferido pelos participantes

Alguns públicos só desejam o básico sobre o tema. Outros precisam de mais detalhes antes de se expressar. Considere preparar níveis de detalhes de vastos a específicos que poderão ser trazidos à discussão conforme o necessário.

Aperfeiçoando suas habilidades de falar em público

Evidências de apoio

Esteja preparado para apresentar evidências básicas durante sua apresentação e ter evidências adicionais para responder a perguntas e pedidos de esclarecimento. Para se obter o máximo de participação de sua plateia, é preciso saber o que as pessoas querem de você. Algumas de suas expectativas tendem a incluir:

- Uma agenda organizada;
- Uma compreensão dos benefícios para elas de trocarem suas ideias;
- Uma clara compreensão de nosso objetivo;
- Concisão facilitadora da apresentação;
- Um moderador que mantém a discussão focada e sob controle.

Planejando a apresentação

A apresentação para obter *input* é usada quando seu principal objetivo é apresentar um tema para um grupo a fim de obter sugestões e opiniões. Quanto mais claramente você apresentar o tema em discussão, mais objetivo será o *input* do grupo.

Apresentações típicas para obter *input* incluem:

- Sessões de brainstorming;
- Grupos de foco;
- Reuniões para análise de processos;

Como fazer sua (próxima) carreira decolar

- Reuniões para resolução de problemas;
- Sessões de planejamento estratégico.

Planejar uma apresentação para obter *input* é diferente de planejar uma apresentação para informar ou persuadir. Há considerações adicionais a fazer quando se pede ao público para trocar ideias. Algumas dessas considerações incluem:

Possível resistência à sinceridade

Alguns indivíduos relutam em partilhar suas opiniões e ideias. Os motivos para isso podem variar de falta de confiança nas próprias ideias ou em sua capacidade de expressá-las, inexperiência no tema em discussão ou simplesmente o tipo de personalidade. Também se deve ter em mente que em um ambiente corporativo os membros da equipe poderiam relutar em expressar uma insatisfação com a empresa ou o modo como algo é feito. Pode-se desejar garantir aos membros de sua plateia que a sinceridade deles não resultará em nenhum tipo de retaliação.

Superando um desinteresse pelo tema

Os participantes têm horários cheios com múltiplas prioridades. Há uma chance de que seu tema não pareça uma prioridade para alguns participantes e, por isso, eles estejam desinteressados e desengajados.

Aperfeiçoando suas habilidades de falar em público

Participantes despreparados

Idealmente, antes da reunião informamos aos participantes o tema proposto e lhes pedimos para vir preparados para discuti-lo com exemplos, experiências e pesquisas. Às vezes, os participantes se dão a esse trabalho, e em outras ocasiões vão à reunião com pouca ou nenhuma preparação prévia. Esteja pronto para resumir o tema para um público que não se preparou para sua apresentação.

Quatro análises de planejamento

Para ajudar a si mesmo a planejar sua apresentação, você deveria determinar:

1. Qual é a situação atual do público em relação ao tema? O tema é polêmico para esse público? Que experiência eles têm com o tema em discussão? Há situações que ocorreram que tendem a afetar seu *input*?

2. Quais são os desafios que os participantes estão enfrentando? Se esse é um tema que lhes causa preocupações, quais são elas? Encontre exemplos disso antes da apresentação e se prepare para ser capaz de responder adequadamente.

3. O que os participantes consideram importante ou não em relação ao tema? Antes da apresentação, converse com

151

Como fazer sua (próxima) carreira decolar

participantes selecionados para descobrir como eles se sentem sobre o tema em discussão. Se você estiver fazendo a mesma apresentação para vários grupos diferentes, pode esperar que alguns considerem o tema mais importante do que outros.

4. Qual será o benefício para essas pessoas se elas forem persuadidas a trocar ideias e opiniões? É fácil para seus ouvintes ficarem em segundo plano e esperar a discussão seguir seu curso, contribuindo pouco ou nada. Pense em bons motivos com os quais poderá alcançar o interesse dos ouvintes e instigá-los a discutir ideias e obterem um resultado favorável da discussão.

Estrutura

As apresentações para obter informações deveriam ser estruturadas como se segue:

- Declaração do tema em discussão;
- Descrição de possíveis soluções, com vantagens e desvantagens de cada solução;
- Perguntas para saber se há soluções adicionais que deveriam ser consideradas;
- Apresentação aberta a uma discussão das soluções propostas;
- Encerramento.

Aperfeiçoando suas habilidades de falar em público

Exemplo de apresentação para obter input

O texto a seguir é um breve exemplo do "roteiro" de uma apresentação para obter *input*.

Abertura — declaração do tema em discussão

"Como a maioria de vocês sabe, remodelaremos nossos escritórios nos próximos dois meses, o que significa que teremos de nos mudar para escritórios temporários durante várias semanas. Gostaríamos da opinião de cada um sobre o melhor modo de tornar esse processo eficiente e continuar a fornecer serviços para nossos clientes."

Possíveis soluções com vantagens e desvantagens

"Estamos considerando dois modos possíveis de fazer essa mudança. Nossa primeira solução proposta é realocar a administração, o departamento de finanças e o pessoal de RH para nossa fábrica durante dois meses.

As vantagens dessa solução são que todos ficariam próximos uns dos outros, e poderíamos nos comunicar facilmente sob o mesmo teto.

As desvantagens são que lá o espaço é limitado, e poderíamos ficar muito apertados.

Nossa segunda solução proposta é usar um escritório virtual durante os próximos dois meses, e todos trabalharem o máximo possível de casa.

Como fazer sua (próxima) carreira decolar

As vantagens dessa solução são que não teríamos de mudar tudo duas vezes e os funcionários que moram longe da fábrica não precisariam se deslocar.

As desvantagens são que todas as quartas-feiras ainda teríamos de vir para nossa teleconferência com o escritório de Barcelona, e pegar caronas ou usar transporte público, porque os operários ocuparão o estacionamento."

Busque soluções adicionais

"Quem gostaria de dar outras sugestões?"

Inicie a discussão de soluções

Resuma as opções apresentadas e depois deixe a apresentação aberta a uma discussão das soluções propostas.

"Então, vamos discutir e ouvir as opiniões de vocês."

Para modos adicionais de obter ideias criativas, releia o material sobre criatividade e inovação no Capítulo Quatro.

Encerramento

"Muito obrigado a todos pelas boas ideias. Nós as resumiremos em um e-mail e entraremos em contato com vocês em nosso próximo passo."

Aperfeiçoando suas habilidades de falar em público

O lado humano de obter input

Os indivíduos trazem muitas atitudes diferentes para a apresentação na qual lhes é pedido contribuição. Alguns têm opiniões fortes sobre o tema, outros têm poucas ou nenhuma opinião e são relativamente desengajados. Alguns ainda adoram partilhar seus pensamentos, enquanto outros relutam em dizer muito. O papel do orador é se lembrar da diversidade dos participantes e encorajá-los a contribuir usando boas relações humanas.

Tenha em mente os princípios a seguir de *Como fazer amigos e influenciar pessoas* ao conduzir apresentações para obter *input*:

Não critique, não condene, não se queixe.

Nada acaba mais rápido com a participação do que críticas ou ridicularização. Os participantes logo descobrem que o modo de evitar condenação é ficar com a boca fechada.

Faça um elogio honesto e sincero.

Quando nossos ouvintes nos ouvem elogiar alguém no grupo, percebem que suas contribuições são notadas, reconhecidas e valorizadas. Isso incentiva mais participação e troca de ideias e opiniões.

Como fazer sua (próxima) carreira decolar

Faça as pessoas se sentirem importantes.

Os participantes gostam de sentir que têm contribuições importantes e valiosas a fazer para a discussão. Um dos melhores modos de encorajar *input* é fazer todos se sentirem relevantes, independentemente de suas posições na hierarquia da empresa.

Tente sinceramente ver as coisas do ponto de vista dos participantes.

Seu sucesso ao conduzir esse tipo de apresentação dependerá até certo ponto de sua capacidade de convencer os ouvintes de que você está aberto a muitos pontos de vista diferentes, e que entende os pontos de vista de todos sobre o tema.

Mostre respeito pela opinião de cada pessoa. Nunca diga: "Você está errado."

Um dos aspectos mais difíceis de conduzir esse tipo de apresentação é a necessidade de guardar nossas opiniões para nós mesmos e deixar as pessoas de quem discordamos expressarem totalmente as delas.

Dê a cada pessoa que contribui uma boa reputação para manter

Nesse tipo de apresentação, você tem a responsabilidade de deixar seus ouvintes serem eles mesmos e expressarem seus

Aperfeiçoando suas habilidades de falar em público

verdadeiros pontos de vista. Caso contrário, não terá nenhuma necessidade de obter *input* de seu público. Esse tipo de livre troca de ideias e opiniões é encorajado quando você deixa seus ouvintes saberem que suas boas reputações são respeitadas.

Como você soa para os outros

Poucos de nós percebem como soam para os outros quando falam: não se ouvem como os outros os ouvem. Um professor de um curso de oratória pediu aos alunos que fizessem uma breve palestra introdutória sobre algo que realmente conheciam e sobre o qual queriam falar. Os alunos presumiram que se levantariam e falariam de um modo fluente e interessante. Errado! O professor gravou as palestras e os fez ouvi-las. Os alunos ficaram chocados. Não haviam percebido como tinham soado.

A maioria das palestras estavam cheias do que é conhecido como vícios de linguagem — aqueles sons extras, palavras ou frases como "er", "hum" e "sabe" que usamos o tempo todo em conversas. Isso distrai muito o público. De igual modo, má gramática, clichês e erros de pronúncia diminuirão o impacto de sua apresentação. Você deveria gravar a si mesmo e prestar atenção a palavras desnecessárias, clichês e coisas desse tipo, e aprender a eliminar isso de seus padrões de linguagem.

Eis algumas dicas sobre outros problemas comuns que os oradores enfrentam, e como lidar com eles:

Balbuciação. Quem balbucia engole o fim das palavras, tornando difícil entender o que está sendo dito. Esse hábito

Como fazer sua (próxima) carreira decolar

é facilmente superado. Não fale com a boca semiaberta. Abra totalmente os lábios ao falar. Tente praticar isso na frente de um espelho. Não demorará muito para corrigir esse problema.

Falar rápido demais ou devagar demais. Muitos de nós têm uma tendência a se apressar a seguir em frente, especialmente quando falam diante de uma plateia. Calma! Dê às pessoas uma chance de assimilar o que você está dizendo. Por outro lado, podemos ser um daqueles oradores lentos, que parecem se arrastar. A plateia pulará para frente, antecipando o que acha que você dirá. Fale devagar demais, e fará as pessoas dormirem. Nós deveríamos ter consciência de nosso ritmo. Pratique na frente de um amigo e tenha uma noção de quão rápido está falando. Cronometre isso. Um bom ritmo é entre 130 e 150 palavras por minuto. E não se esqueça de desacelerar quando quiser fazer uma observação, e acelerar para gerar entusiasmo.

Falar em um tom monótono. Falar em um tom monótono é outro indutor do sono. Module sua voz. Varie o volume, tom e ritmo.

Ficar como uma estátua. Usar gestos para enfatizar pontos mantém a plateia engajada.

Erros de pronúncia. Se você não estiver certo da pronúncia de uma palavra, pesquise. Se não estiver certo de como dizer o nome de uma pessoa, pergunte-lhe qual é a pronúncia correta.

Não observar e reagir à plateia. Se você observar que sua plateia está ficando irrequieta, faça uma pausa, mude o ritmo

Aperfeiçoando suas habilidades de falar em público

ou introduza uma história interessante para recuperar a atenção dos ouvintes.

Não se ouvir. Como já mencionei, nós não nos ouvimos como os outros nos ouvem. Até mesmo os oradores mais experientes deveriam gravar ensaios da apresentação ou a própria apresentação para avaliar seu desempenho. Quando você conhece seus pontos fracos como orador, pode tentar corrigi-los.

Ainda mais eficaz do que gravar é fazer um vídeo de suas apresentações. Você pode ficar surpresos com a maneira como sua postura, seus gestos e sua presença geral parecem. Com esse conhecimento, pode dar passos para corrigir problemas importantes e cometer menos deslizes, dessa forma melhorando muito suas apresentações.

Resumo

- Ao se preparar para progredir em sua carreira, aprenda como falar eficazmente para grupos.
- Você deve aprender a abordagem passo a passo das apresentações para se certificar de que suas mensagens serão claras, seu público permanecerá interessado e você cobrirá todos os pontos relevantes.
- Um dos maiores desafios desse tipo de apresentação é certificar-se de que não está falando acima ou abaixo do nível de conhecimento e especialização de seu público. Aprenda o máximo possível sobre seu público antes de planejar a apresentação.

Como fazer sua (próxima) carreira decolar

- No planejamento da apresentação há cinco elementos críticos para o sucesso, facilmente lembrados como a fórmula LIONS:

L = Linguagem fácil de entender.
I = Ilustrações e exemplos.
O = Organização cuidadosa de ideias.
N = Foco estreito na apresentação.
S = Resumo.

Estruture a apresentação:
1. Abertura: declaração do tema.
2. Declare a mensagem-chave: o resultado desejado.
3. Pontos-chave atuais e resultados esperados.
4. Apoie-os com evidências.
5. Encerre reafirmando a mensagem-chave e reiterando o que deseja que os participantes façam.

- Use recursos visuais para reforçar sua mensagem. Tabelas, gráficos, diagramas e outros que podem ser afixados na parede da sala ou postos em um cavalete. Vídeos poderiam ser mostrados em uma tela de TV pequena. Considere criar uma apresentação de PowerPoint que possa ser mostrada em uma tela grande.
- Quadros estatísticos e tabelas mostrando muitos números são apresentados de modo melhor em folhetos.

Apresentações para obter informações assumem a forma de:

1. Sessões de *brainstorm*.
2. Grupos de foco.

Aperfeiçoando suas habilidades de falar em público

3. Reuniões para análise de processos.
4. Reuniões para resolução de problemas.
5. Sessões de planejamento estratégico.

- Ao tentar obter informações de seus ouvintes, nunca critique uma pessoa ou sua contribuição. Demonstre consideração por cada pessoa e sua ideia.
- Gravando seus ensaios ou as suas próprias apresentações pode-se ouvir como você soa para sua plateia. Fique atento a vícios de linguagem, clichês, pronúncias erradas e outros erros. Gravar vídeos mostrará se você precisa alterar seus gestos ou se sua postura é agradável e apropriada.

CAPÍTULO SEIS

Aprimorando suas habilidades de escrita

No capítulo anterior, discutimos como fazer apresentações orais. Contudo, frequentemente pedirão a você que escreva suas ideias. Sua escrita pode ser na forma de cartas enviadas para clientes, vendedores ou outros; memorandos ou bilhetes para seus colegas, supervisores ou outras pessoas na empresa; ou e-mails e outros meios eletrônicos.

A comunicação escrita, não importa que forma assuma, pode ter um papel significativo em como você é percebido por seus gestores e influenciar as decisões deles sobre sua carreira. Como tudo que se escreve pode ser revisado — mesmo meses ou anos depois de ter sido escrito —, de certo modo é uma parte permanente de sua marca pessoal.

Independente de escrevermos uma carta, um memorando ou um e-mail, devemos tomar cuidado especial com o planejamento, a composição, a escrita e a distribuição da comunicação. Neste capítulo, eu sugiro maneiras de aprimorar suas

Como fazer sua (próxima) carreira decolar

habilidades de escrita para que tudo o que escrever reflita bem sobre você.

Preparando a mensagem

Nenhum documento ou texto que enviamos deveria ser redigido sem cuidadosa preparação. Eis algumas diretrizes para ajudar você a minimizar deslizes e maximizar sua oportunidade de tornar a mensagem um fator positivo em seus esforços para progredir.

Os três "Cs"

Uma vez que você já refletiu sobre a mensagem, deve começar a formular o modo como a escreverá. Tenha em mente os três "Cs" da boa comunicação.

Tudo que escrevemos deve ser:

1. Claro — fácil de ler e entender;
2. Completo — fornecer todas as informações que se deseja transmitir;
3. Conciso — breve e objetivo.

Por exemplo, se você estiver escrevendo um memorando sobre o status de uma encomenda, inclua o número e a data do pedido, a identificação dos materiais e outras informações pertinentes. Não se esqueça de responder a quaisquer perguntas específicas. Evite entrar em detalhes irrelevantes que poderiam distrair ou entediar o leitor.

Aprimorando suas habilidades de escrita

A disciplina de escrever algo é o primeiro passo para fazê-lo acontecer.

Lee Iacocca

Clareza

O objetivo da boa escrita comercial é a maior clareza possível. Evite construções de frases complexas ou fraseologia extravagante. Mantenha sua comunicação o mais sucinta possível. Exponha seus pontos assim:

- Comece com um título em negrito.
- Escreva partes separadas para cada ponto subsidiário.
- Destaque pontos-chave com itálico ou uma fonte diferente.

Se a mensagem for impressa, destaque passagens-chave com um marcador de texto. Se for eletrônica, use uma cor de fundo ou um realce.

- Use gráficos, tabelas ou outros recursos visuais para aumentar o impacto de suas palavras.

Revisão

O que é enviado em seu nome é um reflexo de quem você é. Mesmo se tiver usado corretor ortográfico em sua comunicação,

Como fazer sua (próxima) carreira decolar

releia-a em busca de erros. O corretor do editor de texto é de grande ajuda, porque encontra a maioria dos erros ortográficos e de digitação, mas não é infalível. Por exemplo, um corretor ortográfico não nos fará saber se usamos "de" em vez de "ou". Um bom modo de garantir que não haja erros ou omissões na escrita é ler a comunicação em voz alta. Essa técnica serve para identificar erros que nossos olhos não necessariamente veem.

A escrita não precisa ser formal

Antigamente, uma carta comercial deveria ser assim:

"Conforme o disposto em nossa conversa telefônica na mesma data, segue em anexo as faturas relativas ao trabalho concluído no mês corrente." Parece bobo, não é? Sim, é forçado. É improvável que alguém escreva assim hoje em dia, mas frequentemente ainda somos formais demais em nossa correspondência.

Muitas pessoas acreditam que devem ser mais formais ao pôr ideias no papel do que quando as comunicam oralmente, e usam linguagem rebuscada em cartas e comunicações comerciais. Essa linguagem formal pode ser percebida como artificial e frequentemente insincera. A mensagem será mais clara e mais facilmente aceita pelo leitor se for escrita do modo como falamos. Aquela frase teria sido muito mais eficaz se tivesse sido escrita assim:

"Conforme prometi quando nos falamos pelo telefone, eis as faturas do trabalho concluído este mês."

Por outro lado, a facilidade e rapidez com que podemos enviar mensagens eletrônicas levaram ao surgimento do hábito

Aprimorando suas habilidades de escrita

de escrita oposto — linguagem excessivamente informal. Nós queremos escrever do modo como falamos (fluida e casualmente), mas não queremos que nossa mensagem pareça forçada ou artificial.

Ponha suas ideias no papel

Ao escrever com objetivos comerciais, algumas pessoas ficam presas a uma teia de formalidade desnecessária. Se esse for seu caso, você pode evitar esse hábito fingindo que está falando pessoalmente ou pelo telefone com a pessoa que lerá a comunicação.

Eis algumas sugestões para fazer sua escrita se parecer mais com seu modo de falar:

Escreva seus pensamentos. Escreva com o vocabulário, a ênfase, a linguagem e as expressões que você costuma usar. Normalmente nós não diríamos: "Por favor, note que devido à tempestade recente sua encomenda só será entregue na próxima semana". Em vez disso, vá direto à mensagem: "Por causa da tempestade, sua encomenda só será enviada semana que vem."

Use contrações. Em vez de escrever "falaremos sobre isso em uma próxima reunião", use "numa". Contrações comumente usadas fazem nossas comunicações parecerem mais pessoais.

Engaje o leitor. As apresentações orais não são unilaterais. Primeiro uma pessoa fala. Depois, outra comenta ou faz uma pergunta. Inserindo perguntas ou personalizando de outro

Como fazer sua (próxima) carreira decolar

modo a comunicação, concentramos a atenção do leitor na relevância de nossa mensagem. Por exemplo, em vez de escrever, "nós podemos personalizar o produto para atender às suas necessidades", pergunte: "Como podemos personalizar esse produto para atender às suas necessidades?" Isso leva o leitor a refletir sobre como sua mensagem é importante para ele.

Personalize a carta. Ao falar, usamos os pronomes "eu", "nós" e "você" o tempo todo. Mas quando escrevemos cartas comerciais, nos tornamos mais formais. Em vez de usar pronomes, tendemos a escrever frases como "presume-se...", "é recomendado...", ou "será feita uma investigação no fim da qual enviaremos um relatório para sua empresa". Por que não dizer claramente: "Estamos investigando o assunto, e quando tivermos a informação o avisaremos"?

Um modo muito eficaz de personalizar uma carta é usar o nome do destinatário no texto. Se for seu amigo, use o primeiro nome; se for apenas um parceiro de negócios, o sobrenome. Em vez de escrever "isso resultará em um aumento de vendas", escreva "Tim (ou Sr. Hunt), isso lhe permitirá aumentar as vendas em seu território".

Você deveria dar um toque humano às suas cartas e fazer o possível para se expressar com naturalidade. Seja cortês, educado e interessado. Um estilo de escrita amigável agradará, mas um frio poderia repelir o leitor.

Evite usar clichês de negócios. Outra maneira de manter sua escrita amigável é evitar usar os clichês formais das comunicações de negócios.

Aprimorando suas habilidades de escrita

Em vez de escrever	Escreva
Em uma data posterior	Mais tarde (ou exatamente quando)
No momento presente	Agora
Apesar do fato	Embora
Por um período de um ano	Por um ano
De acordo com sua solicitação	Conforme solicitado
Em um futuro próximo	Em breve (ou em maio)
É da opinião de que	Acredita
Procedeu a um ajuste	Ajustou
O abaixo assinado	Eu
Segue em anexo	Anexo
Estamos em uma posição de	Não podemos
À exceção de	Exceto

Evite frases complexas. Frases curtas (de vinte palavras ou menos) são mais fáceis de ler e assimilar. Limite cada frase a uma ideia. Também é útil usar palavras curtas, em vez de longas. Claro que ao escrever sobre assuntos técnicos para pessoas tecnicamente treinadas, linguagem técnica é apropriada. Mas ao escrever para pessoas que podem não ter uma formação técnica, evite linguagem e jargões que elas provavelmente não entenderão.

Ponha seu plano no papel. No momento em que terminar de fazer isso, terá dado definitivamente forma concreta ao desejo intangível.

NAPOLEON HILL

Como fazer sua (próxima) carreira decolar

Tornando a correspondência memorável

Quando lemos, a mente apreende as palavras do mesmo modo como processa as palavras que ouve. Você pode tornar suas palavras (e suas comunicações de negócios) muito mais eficazes incrementando-as com recursos visuais.

Use gráficos

A maioria das pessoas prefere estudar um gráfico ou uma tabela a ler uma coluna de números. Dedicando um pouco de tempo a pôr informações em formato gráfico, seus memorandos e relatórios terão um impacto muito maior. Se desenhos, fotografias ou outras imagens usuais puderem ser usados, a carta ou o memorando ganhará vida. Para pessoas que gostam de ler números, eles podem ser incluídos como dados de *backup*.

Há muitos programas de computador que podem facilmente converter dados em vários formatos de gráficos ou tabelas. E, se forem apresentados em cores, isso aumentará seu impacto.

Ilustre sua mensagem

Quando gráficos não forem aplicáveis, use histórias ilustrativas em sua escrita. Uma história faz com que o leitor visualize o que você está dizendo.

Vamos examinar dois memorandos sobre rotatividade de funcionários: "A rotatividade no departamento de expedição

Aprimorando suas habilidades de escrita

tem causado uma grande sobrecarga de trabalho no pessoal da expedição, resultando em acidentes e doenças devido à fadiga e mais pedidos de demissão. Isso tem levado a pedidos não enviados e queixas de clientes."

Essas frases são bastante boas, mas vamos ver como a informação pode ser transmitida com uma breve história: "Nesta manhã, entrei no departamento de expedição. Apenas seis pessoas estavam trabalhando, em vez de a equipe completa de dez. Elas estavam sob enorme pressão, tentando despachar os pedidos. Tinham trabalhado dez horas no dia anterior, e pude ver a fadiga em seus rostos e no modo como trabalhavam. Um homem estava mancando, resultado de um pequeno acidente. Enquanto eu estava lá, três clientes telefonaram reclamando que não haviam recebido seus pedidos no prazo."

O primeiro memorando relatou os fatos, mas o segundo exemplo propiciou ao leitor "ver" a situação. Usando recursos visuais e histórias ilustrativas quando apropriado, suas comunicações se tornam mais claras e convincentes.

Comunicações eletrônicas

De longe, a maior inovação no âmbito da comunicação nos últimos anos foi o uso da Internet como a principal ferramenta para enviar e receber informações.

Preste tanta atenção à redação de e-mails, mensagens de texto, mensagens em redes sociais e outras comunicações eletrônicas quanto costuma prestar à redação de cartas convencionais e memorandos. Lembre-se de que correio eletrônico é

Como fazer sua (próxima) carreira decolar

uma forma de comunicação escrita. É mais do que um substituto para um telefonema, e não deveria ser enviado com pouca ou nenhuma reflexão sobre o estilo ou conteúdo. Ao contrário de um telefonema, as mensagens eletrônicas podem ser armazenadas e recuperadas. Não são "privadas" e são admissíveis como prova em tribunais. Por isso, deveriam ser cuidadosamente planejadas e redigidas.

Melhorando a mensagem eletrônica

Antes de redigir sua mensagem, pense cuidadosamente no que deseja escrever. Se for dar instruções, certifique-se de que o leitor saberá exatamente o que você está pedindo. Se for responder a uma solicitação, leia-a cuidadosamente e se certifique de que reuniu todas as informações necessárias para responder adequadamente às perguntas feitas.

Obtendo a atenção do leitor

Muitas pessoas recebem dúzias — até mesmo centenas — de mensagens eletrônicas todos os dias. Para garantir que sua mensagem será prontamente lida, escolha como assunto algo que seja relevante para o destinatário. Por exemplo, em vez de "Re: seu e-mail de 6/25", use a linha de assunto ou abertura para se referir à informação fornecida naquela mensagem, como: "Números de vendas de junho."

Aprimorando suas habilidades de escrita

Como já foi sugerido na composição de cartas e memorandos, deveríamos usar os três Cs (claro, completo e conciso) ao redigir e-mails e mensagens por outros meios eletrônicos.

Observe que se houver arquivos anexados aos e-mails, você deve especificar no texto quais são, para que o leitor possa se certificar de que todos chegaram. Em mídias em que não são usados anexos, especifique o arquivo ou URL onde documentos pertinentes podem ser encontrados.

Antes de clicar em "enviar", leia a mensagem cuidadosamente e faça a verificação ortográfica. É uma boa ideia lê-la em voz alta, porque isso ajuda a ver omissões e outros tipos de erros. Certifique-se de que a mensagem está correta sob todos os aspectos antes de enviá-la.

Excesso de e-mails pode resultar em sua mensagem ser ignorada ou inadvertidamente apagada. Peça ao destinatário para confirmar o recebimento. Se os assuntos envolvidos forem muito importantes, telefone para se certificar de que a mensagem foi recebida e entendida.

Preocupações com privacidade

Como já foi mencionado, não há nenhuma garantia de privacidade nas mensagens eletrônicas. Repetidamente lemos sobre *hackers* que invadiram sistemas altamente sofisticados. Presuma que tudo que é enviado eletronicamente pode ser interceptado. Se for exigido sigilo, mídia eletrônica pode não ser o melhor a usar.

Como fazer sua (próxima) carreira decolar

Lembre-se de que qualquer e-mail enviado pelo computador da empresa pode ser lido por outras pessoas na empresa. Nos últimos anos houve casos de funcionários demitidos porque enviaram e-mails que violaram as regras da organização. Alegações de funcionários de invasão de privacidade foram rejeitadas por tribunais norte-americanos.

Mais sérios são os casos de funcionários que fizeram piadas ou comentários ou que em suas mensagens foram considerados inadequados. Sempre que usar o servidor de seu empregador, presuma que o contexto de sua mensagem ou busca está disponível para qualquer um na empresa e, em última análise, disponível para todos, e ponto final. Essas mensagens têm sido aceitas como prova em processos judiciais contra empresas, mesmo se seus representantes não estavam cientes delas. Isso levou à demissão dos remetentes das mensagens e a processos tanto contra os remetentes individualmente quanto contra as empresas.

Finalmente, você deve sempre prestar muita atenção aos destinatários de suas mensagens eletrônicas. É uma má ideia "responder para todos" quando sua resposta é apenas para a pessoa que enviou a mensagem original.

> *Não substituir contatos telefônicos e pessoais por eletrônicos. Contato cara a cara ou voz a voz com pessoas com quem lidamos com frequência fortalece o relacionamento pessoal que é tão importante para criar e manter harmonia.*
>
> CHARLES WANG, EX-CEO, COMPUTER ASSOCIATES.

Aprimorando suas habilidades de escrita

Regras de conduta para mensagens eletrônicas

1. *Planeje* cuidadosamente as mensagens.
2. *Mantenha* as comunicações breves. Se precisar enviar uma mensagem eletrônica com vários parágrafos, avise ao destinatário no topo da mensagem e comece com um resumo.
3. *Escreva* uma linha de assunto descritiva. Se seus destinatários tiverem de adivinhar sobre o que é a mensagem, podem preferir não lê-la.
4. *Mantenha* o conteúdo e o estilo da mensagem profissional. Embora possa haver informalidade, deve-se evitar excesso de pontuação e abreviações, acrônimos, *clip art* e formatação complicada. Não digite tudo em caixa alta, porque isso é lido como gritar.
5. *Use* corretor ortográfico para se assegurar de que a ortografia, a gramática e a pontuação estão corretas. Depois, revise a mensagem para se assegurar de que está correta de todos os modos.
6. *Informe* aos destinatários quando a mensagem não exigir uma resposta. Isso poupará tempo e acúmulo de mensagens para ambos os lados.
7. *Releia* mais de uma vez suas mensagens antes de clicar em "enviar".
8. *Use bullets [pequenos círculos pretos]* em vez de parágrafos quando esse estilo for apropriado. Eles frequentemente tornam mais fácil a leitura e o entendimento de pontos-chave.

Como fazer sua (próxima) carreira decolar

9. *Responda* prontamente aos e-mails recebidos, especialmente quando exigem atenção imediata. A rapidez da comunicação é a principal vantagem desse meio.

10. *Use* cc: e bcc com moderação e cuidado.

11. *Use* o comando "encaminhar" com moderação.

12. *Use* o comando "responder" livremente. Esse é um modo fácil de criar contexto para a mensagem.

13. *Indique* se a mensagem é enviada apenas para informar o destinatário ou se exige ação ou resposta.

14. *Verifique* se as mensagens importantes foram recebidas pedindo ao destinatário para confirmar o recebimento por e-mail e/ou lhe telefonar.

15. *Pense* antes de clicar em "enviar". Uma mensagem de e-mail que não foi bem pensada pode voltar para nos assombrar. Em correspondências comerciais, tenha o cuidado de não exagerar ou ser humorístico, porque suas intenções podem ser mal interpretadas.

16. *Não* encaminhe nenhuma mensagem mais de duas vezes, porque isso torna mais difícil seguir o fluxo das mensagens.

17. *Não* anexe arquivos desnecessários.

18. *Não* use correio eletrônico para substituir contatos por telefone ou pessoais. É importante manter relacionamentos cara a cara e voz a voz com as pessoas com quem lidamos.

19. *Não* acesse jogos eletrônicos ou envie correntes ou desperdiçadores de tempo similares durante o expediente e em computadores da empresa.

Aprimorando suas habilidades de escrita

20. *Não* baixe materiais pornográficos ou itens ofensivos a qualquer raça ou grupo étnico. Lembre-se de que suas mensagens e buscas podem ser lidas por qualquer um e ofender outras pessoas na empresa. Engajar-se nesse tipo de atividade pode levar a constrangimento e possíveis acusações de assédio sexual ou racismo.

21. *Não* espalhe fofocas ou boatos por meio eletrônico; já é ruim o bastante quando fofocas são feitas pelo telefone ou pessoalmente, mas o correio eletrônico aumenta exponencialmente o número de pessoas que recebem essas informações.

22. *Não* envie uma mensagem para toda a sua lista a menos que a mensagem se aplique a todas as pessoas.

23. *Não* envie piadas ou histórias de mau gosto pelo correio eletrônico da empresa.

Escrevendo relatórios que atingem o alvo

Frequentemente uma das funções mais importantes de um gestor é enviar relatórios a seus empregadores ou a outros gestores na organização. Apresentar relatórios mal desenvolvidos, mal pensados e mal escritos impedirá o progresso, de modo que é essencial fazer um esforço extra ao preparar e escrever esses documentos.

Digamos que seu chefe lhe pediu para pesquisar e fazer um relatório sobre um novo pacote de *software* que a empresa está pensando em comprar. Um bom relatório deve conter mais do que informações básicas. Deve fazer com que o leitor obtenha

Como fazer sua (próxima) carreira decolar

conhecimento suficiente do tema coberto para que possa tomar quaisquer decisões necessárias. Como foi observado em relação a outras comunicações, siga os três Cs (claro, completo e conciso).

> *Pesquisar é para mim tão ou mais importante do que escrever. É o alicerce sobre o qual o livro é construído.*
>
> LEON URIS

Preparação cuidadosa

1. Defina o problema ou tema que o relatório abordará. Discuta o objetivo do relatório com o gestor que o incumbiu de fazê-lo. Muito tempo, esforço e dinheiro têm sido desperdiçados por pessoas que fazem relatórios sem saber o que é realmente desejado. A menos que saibamos claramente como o relatório será usado, podemos gastar mais tempo do que o necessário em aspectos secundários da situação em vez de tratar das áreas realmente importantes. Nesse relatório sobre o novo *software*, os interesses principais são três fatores: aplicação do *software* ao telemarketing, custo e disponibilidade de suporte técnico.

2. Se você desejar delegar partes do relatório a outras pessoas, divida o projeto em segmentos e as incumba de pesquisar sobre isso. Seu trabalho é coordenar e registrar as descobertas e fazer recomendações.

Aprimorando suas habilidades de escrita

3. Inteire-se dos fatos. Reúna todas as informações necessárias. Por exemplo, para esse relatório, aqueles a quem delegamos tarefas deveriam falar com as pessoas na empresa que usarão o *software* e saber o que elas realmente desejam conseguir usando-o. Deveriam obter literatura sobre o *software*, ler o que as revistas técnicas dizem sobre o produto e falar com pessoas em outras organizações que o usam. Deveriam obter informações com os representantes de vendas do fornecedor e com representantes de *softwares* concorrentes. Obtenha todas as informações que puder.

4. Analise os fatos. Quando as informações forem reunidas, os fatos devem ser correlacionados e analisados. Um modo de listar as vantagens e limitações do *software* em questão é fazer listas similares de outros *softwares* que também poderiam ser viáveis.

5. Aprenda o estilo que seus leitores preferem. A linguagem e a forma do relatório deveriam ser adaptados à pessoa ou às pessoas que o lerão. Por exemplo, um engenheiro escrevendo um relatório para gestores não técnicos deveria usar linguagem não técnica se o tema o permitir. Se o uso de linguagem técnica for essencial para o relatório, deveria definir e elucidar o significado dos termos técnicos na primeira vez em que forem mencionados no relatório.

Além disso, descubra o que o leitor espera em termos de linguagem, detalhes do conteúdo, uso de gráficos e coisas no gênero.

Como fazer sua (próxima) carreira decolar

Ao escrever um relatório para nosso chefe ou outro gestor com quem, provavelmente sabemos como fazê-lo; se você não tiver certeza, reveja relatórios que outros enviaram para orientação. Alguns fatores a ser considerados:

Se a pessoa prefere relatórios concisos, precisos ou muito detalhados.

Se a pessoa prefere gráficos ou tabelas a quadros estatísticos, ou se gosta de ver ambos.

Se aproximações são preferidas a valores e centavos exatos.

Informações especiais ou estilos que o leitor usa em seus próprios relatórios.

> *Escrever cristaliza o pensamento, e pensamento produz ação.*
>
> PAUL J. MEYER, CONSULTOR E ESCRITOR

Escrevendo o relatório

Embora não haja um estilo ideal de relatório, as diretrizes a seguir o ajudarão a estruturá-lo:

Declare o objetivo:

- Um bom modo de começar é declarar o objetivo do relatório. Por exemplo: "Como me foi pedido em seu memorando sobre o programa de *software* XYZ, eis as informações necessárias para tomar uma decisão sobre a viabilidade de seu uso."

Aprimorando suas habilidades de escrita

Resumo e recomendações:

- Embora alguns relatórios deixem o resumo para o final, muitos gestores preferem ler um resumo das descobertas e recomendações no início do relatório. Assim podem conhecer os resultados imediatamente e ler os detalhes quando tiverem tempo para isso.

Apresente informações detalhadas:

- Do resumo, passe para uma narrativa organizada. Inclua os detalhes que sustentam o resumo e as recomendações. Use gráficos, diagramas e tabelas se esclarecerem ou reforçarem as informações no relatório.

Atenção à linguagem:

- Empregue linguagem clara e direta. A variedade de fontes e estilos agora disponível na maioria dos editores de texto nos permite apresentar relatórios em formatos muito atraentes e interessantes. Tire proveito dessa opção com uma consciência de que sua apresentação deve ser agradável e fácil de ler. Algumas pessoas exageram nos formatos de exibição e fontes extravagantes que podem ser difíceis de ler e também "fofas" demais para um relatório de negócios.

Tamanho do relatório:

- Não há um tamanho ideal para um relatório de negócios. Ele deveria ser longo o suficiente para contar toda a his-

Como fazer sua (próxima) carreira decolar

tória — sem nenhuma palavra a mais. Evite duplicação desnecessária — provavelmente você vai querer reafirmar sua conclusão no final do relatório, mas, fora isso, não apresente as mesmas ideias repetidamente.

Leia e releia. Antes de entregar o relatório, revise-o cuidadosamente. Até mesmo um bom relatório perde credibilidade quando apresenta erros ortográficos, má estrutura gramatical ou revela descuido na digitação. Releia-o. Se possível, faça um ou mais colegas o lerem também. Então, faça as mudanças necessárias e releia-o mais uma vez para garantir que esteja satisfeito.

Saiba como seu gestor deseja receber o relatório. Alguns indivíduos preferem uma cópia impressa, outros uma cópia de e-mail que possa ser baixada, e outros ainda ambas.

Não envie cópias para outras pessoas na empresa a não ser que seu empregador ou a pessoa para quem está preparando o relatório lhe peça para fazer isso. A menos que lhe seja ordenado o contrário, você deveria manter uma cópia em seu disco rígido para revê-la ou reproduzi-la se necessário. Sempre guarde todo o material original usado para fazer o relatório, inclusive material pesquisado que não tenha sido usado. Suas pesquisas podem ser valiosas quando lhe pedirem para aprofundar o que você escreveu ou indagados sobre os aspectos da situação que não incluímos no relatório.

Apresentando o relatório oralmente. Há ocasiões em que nos é pedido para apresentarmos nosso relatório oralmente em uma reunião. Seguindo as sugestões para fazer apresentações

Aprimorando suas habilidades de escrita

informativas (veja o Capítulo Cinco) ao escrevermos o relatório, você estará preparado para essa contingência.

> *Bom senso é o primeiro princípio e a fonte original da boa escrita.*
>
> HORÁCIO

Resumo

- Tudo que escrevemos deve ser:

1. Claro — fácil de ler e entender.
2. Completo — fornecer todas as informações que desejamos transmitir.
3. Conciso — breve e objetivo.

- O que é enviado em seu nome é um reflexo de quem você é. Releia-o em busca de erros. Não confie no corretor ortográfico para identificar todos os tipos de erros.
- Evite usar linguagem excessivamente formal que pode ser percebida como artificial e frequentemente insincera. Escreva da maneira como você fala.
- Um modo eficaz de personalizar uma carta é usar o nome do destinatário no texto.
- Memorandos e relatórios terão um impacto muito maior se os dados forem postos em formato gráfico.

Como fazer sua (próxima) carreira decolar

- Fique tão atento à redação de e-mails, mensagens de texto, mensagens em redes sociais e outras comunicações eletrônicas quanto você fica à redação de cartas convencionais e memorandos.
- Antes de redigir a mensagem, pense cuidadosamente no que vai escrever. Planeje o texto cuidadosamente como faria com uma carta formal. Se for dar instruções, certifique-se de que o leitor saberá exatamente o que você está pedindo. Se for responder a uma solicitação, leia-a cuidadosamente e se certifique de que reuniu todas as informações necessárias para responder adequadamente às perguntas feitas.
- Reveja as regras de conduta para mensagens eletrônicas. Siga essas diretrizes e treine subordinados para que aprendam e sigam essas regras.
- Uma das importantes funções de um gestor é enviar relatórios a seus empregadores ou outros gestores na organização. Apresentar relatórios mal escritos impedirá o progresso, de modo que é essencial fazer um esforço extra ao preparar e escrever esses documentos.
- Embora não haja um estilo ideal de relatório, as diretrizes a seguir o ajudarão a estruturá-lo:

1. Declare o objetivo.
2. Forneça um resumo da conclusão e suas recomendações.
3. Do resumo, passe para uma narrativa organizada. Inclua os detalhes que sustentam o resumo e as recomendações. Use gráficos, diagramas e tabelas.

Aprimorando suas habilidades de escrita

4. O tamanho ideal de um relatório é aquele suficiente para contar toda a história, e nada mais.

5. Revise o relatório antes de entregá-lo. Confira novamente os números e o releia mais uma vez para garantir que está satisfeito.

6. Saiba como seu supervisor ou o destinatário do relatório deseja que seja entregue e respeite essa preferência. Alguns indivíduos preferem uma cópia impressa, outros uma cópia de e-mail que possa ser baixada, e outros ainda ambas.

7. Sempre guarde todo o material original usado para fazer o relatório, inclusive o que foi pesquisado mas que não tenha sido usado. Suas pesquisas podem ser valiosas quando lhe pedirem para dar sequência às suas descobertas.

CAPÍTULO SETE

Progredindo dentro de sua própria empresa

Você pode progredir em sua carreira crescendo na empresa em que trabalha atualmente, mudando de emprego em sua própria área ou até mesmo mudando para uma carreira completamente diferente. Neste capítulo, examinaremos as oportunidades em sua empresa atual. Em capítulos posteriores, veremos quando e como fazer uma mudança mais brusca.

Sua atual situação

A primeira decisão sobre sua carreira deve ser analisar se é melhor ficar na empresa atual ou migrar para outra organização. Suas oportunidades são determinadas por quatro fatores: o setor em que você trabalha atualmente, sua empresa, seu trabalho e sua situação pessoal.

O setor

Se a indústria em que atua tem potencial de crescimento limitado, isso terá um impacto em seu futuro. Algumas indústrias basicamente desapareceram em virtude das mudanças tecnológicas; outras podem ter se mudado de região ou até mesmo do país. Por exemplo, toda a carreira de Sara era na área de vestuário feminino, mas com o passar do tempo a maioria das fábricas de roupas foi para o exterior. Havia pouquíssimas oportunidades nesse setor. Embora não possamos prever o futuro, devemos estar atentos a indicadores de mudança. Você deve se perguntar:

1. A indústria em que atuo tem uma forte história de crescimento?
2. A indústria em que atuo está em um período de expansão?
3. A indústria em que atuo é conhecida por seu avanço tecnológico?
4. A indústria em que atuo tem um mercado diversificado? (ou seja, depende do governo ou de alguma indústria em particular para uma alta porcentagem de vendas ou insumos?)
5. A indústria em que atuo tem potencial de crescimento no mercado?
6. O número de pessoas empregadas nesse setor aumentou ou diminuiu nos últimos anos?

Sua empresa

Não importa quanto você seja bom em sua profissão ou ocupação, a empresa para a qual você trabalha tem um grande

Progredindo dentro de sua própria empresa

papel na determinação de seu futuro. Se a empresa em que você atua prosperar, você progredirá; se ficar estagnada, impedirá seu crescimento.

Faça estas perguntas sobre sua empresa:

1. A empresa é uma líder de mercado?
2. As vendas da empresa aumentaram em relação às do mercado?
3. A empresa tem introduzido novos produtos ou serviços?
4. A empresa tem acompanhado as mudanças tecnológicas no setor?
5. A empresa tem uma base financeira sólida?
6. A empresa está expandindo seu corpo técnico?
7. A empresa costuma promover seus funcionários?
8. A promoção na empresa é baseada no mérito — e não apenas no tempo de serviço?
9. Nepotismo ou favoritismo é um fator importante na promoção?

Seu trabalho

Todas as empresas têm trabalhos que por sua própria natureza levam à promoção, enquanto outros são o fim da linha. A menos que seu trabalho se encaixe na primeira categoria, você deve considerar pedir transferência para outro departamento.

Responda a estas perguntas sobre seu trabalho atual:

1. Seu trabalho está na linha de promoção?
2. Seus predecessores foram promovidos?

Como fazer sua (próxima) carreira decolar

3. Seu trabalho é um treinamento para promoção?

4. Seu trabalho lhe dá oportunidade de tomar decisões?

5. Seu trabalho lhe dá visibilidade na empresa?

6. Seu trabalho lhe dá chances de lidar com altos executivos?

7. Você gerencia muitas pessoas?

8. Você tem autoridade para usar recursos (dinheiro, materiais, equipamentos, horário de trabalho e coisas desse tipo)?

9. Seu cargo tem prestígio dentro da empresa?

10. Você se reporta a um executivo que pode recomendar promoção?

Situação pessoal

A análise de suas perspectivas profissionais também deveria levar em conta fatores pessoais. Você deveria gostar de seu trabalho. Não importa as vantagens que um emprego possa apresentar, certamente ficaremos melhores se não detestarmos ir trabalhar todos os dias.

Vale a pena ser sincero consigo mesmo sobre sua posição atual. Permanecendo aberto e objetivo, avalie sua satisfação com cada um dos itens a seguir.

1. Seu salário.

2. O tipo de trabalho que está fazendo agora.

3. Seu progresso na empresa.

4. Suas oportunidades de promoção.

5. Seu supervisor como uma pessoa com quem deseja trabalhar.

Progredindo dentro de sua própria empresa

6. Seu supervisor como uma pessoa com quem deseja aprender.

7. Seu ambiente de trabalho.

8. O moral dos membros da equipe do departamento.

9. O moral de outros dentro da empresa.

10. Adquirir conhecimento e experiência que o ajudarão a progredir.

11. Adquirir conhecimento e experiência que melhorarão suas habilidades profissionais.

12. Aprender coisas que o tornarão valioso para outra empresa se decidir ir embora.

13. O respeito que obtém de seus superiores, colegas e subordinados.

Sua próxima promoção deveria ser em (data desejada).

Analisar esses itens o ajudará a tomar uma decisão objetiva não maculada por emoções, rancores e coisas desse tipo.

Transferência

Com essa análise, você pode determinar se está impedido de crescer em sua posição atual. A solução não é mudar de emprego, mas ser transferido para outro departamento da empresa.

As transferências internas podem ser alcançadas de várias maneiras. Grande parte depende de seu relacionamento com seu supervisor imediato. Suponha que você está no mesmo cargo há vários anos. Seu chefe ainda vai demorar um pouco para ser promovido. Se vocês tiverem um bom relacionamento,

Como fazer sua (próxima) carreira decolar

inicie uma conversa amigável com ele. Exponha seu desejo de progredir mais rápido do que seria possível no departamento atual, e de ser transferido para outro departamento em que poderá atingir seus objetivos em menos tempo.

Se seu chefe não concordar, ou o relacionamento de vocês não permitir discutir a transferência com ele, fale com um executivo superior — talvez o supervisor imediato de seu supervisor. Peça uma reunião confidencial. Como essa pessoa pode ter apenas um conhecimento superficial de sua formação, esteja preparado para descrever suas conquistas, assim como seu desejo de progredir. Demonstre quanto você gosta da empresa e que deseja crescer nela, mas como seu cargo atual impede seu progresso, você deseja uma transferência. Um executivo superior provavelmente terá autoridade para ajudá-lo a realizar seu desejo. Contudo, tenha em mente que o executivo provavelmente desejará discutir isso com seu supervisor, que talvez conteste sua decisão de ter falado primeiro com o supervisor dele. Se a transferência não for possível, talvez você tenha de viver com um relacionamento abalado com seu supervisor. Esse é um risco que você deve estar preparado para correr.

Em muitas empresas, o modo ideal de conseguir uma transferência é por meio do departamento de Recursos Humanos. Via de regra, a equipe de RH é neutra e seu objetivo é aproveitar todos os funcionários do modo que for melhor para eles e a empresa.

Você poderia abordar o funcionário do RH informal ou formalmente. Uma conversa informal é a abordagem mais comum. Pode ter certeza de que o sigilo será respeitado e seu supervisor não será informado da conversa sem seu consenti-

Progredindo dentro de sua própria empresa

mento. O funcionário do RH pode lhe fornecer uma análise imparcial de sua posição na empresa, do ponto em que está e para onde ir, e quais mudanças laterais você está qualificado a fazer. Pode sugerir que fique onde está por um período, recomendar que se candidate formalmente à transferência ou guiá-lo para áreas de atividade na empresa nas quais você não havia pensado.

Um pedido formal de transferência pode ser feito com ou sem essa conversa informal preliminar, embora ela seja altamente recomendada. A empresa pode pedir que você preencha um formulário especial, e algumas empresas fornecem um currículo detalhado para apreciação dos chefes dos departamentos aos quais você está se candidatando. Você também pode ser entrevistado por outros executivos da organização.

Se esse for o método utilizado em sua empresa, use a mesma abordagem que usaria ao se candidatar a um emprego em qualquer outra companhia (veja o Capítulo Nove para mais detalhes sobre entrevistas fora de sua empresa atual).

Aumento salarial

Durante vários anos, em muitas empresas os aumentos salariais foram quase automáticos, e se podia contar com um aumento anual ou um periódico por mérito. Às vezes, quando um sindicato de operários negociava um aumento para seus membros, o pessoal da supervisão e administração recebia aumentos equivalentes. Nós tínhamos pouco ou nenhum controle sobre esses tipos de aumento. Isso ainda pode acontecer atualmente, mas em

Como fazer sua (próxima) carreira decolar

muitas organizações os aumentos não são mais esperados e regulares. Se não forem, ou quando você desejar um aumento especial, terá de fazer um claro esforço para consegui-lo.

Tradicionalmente, recebemos um salário maior quando somos promovidos a um cargo de mais responsabilidade. Por vezes, podemos achar que merecemos um aumento quando não há nenhuma promoção iminente.

Para obter esse tipo de aumento é preciso pedi-lo. A pessoa certa a quem pedir é seu supervisor imediato. Na maioria das empresas, essa é a única pessoa que pode recomendar aumentos salariais, embora geralmente dependam da aprovação de executivos superior.

Antes de pedir um aumento, conheça a política salarial da empresa. Se houver regras rígidas sobre aumentos, avalie como se aplicam à sua situação. Na maioria dos casos, até mesmo as regras rígidas podem ser quebradas em certas circunstâncias. Onde seu salário atual se situa na faixa salarial? Se estiver no topo da faixa para sua categoria profissional, talvez não seja possível obter um aumento em nenhuma circunstância, a não ser que você seja promovido ou seu cargo seja reclassificado. Se estiver abaixo do topo, frequentemente você consegue um aumento.

Agende uma reunião particular com seu chefe. Não discuta um desejo e/ou pedido de aumento com outras pessoas. Um aumento salarial pode criar problemas com colegas que seu supervisor não deseja enfrentar. Nunca fale com o chefe sobre um aumento ou uma promoção em uma festa ou evento social. Frequentemente, promessas feitas quando o chefe tomou alguns drinques são "esquecidas" na manhã seguinte. Na conversa com seu supervisor, discuta suas realizações específicas. Você não

Progredindo dentro de sua própria empresa

precisa ser modesto. Saliente o que tem feito acima e além do esperado em sua função e faça-o lembrar dos elogios feitos a seu desempenho. Espere possíveis objeções. Por exemplo:

Supervisor: "A empresa não está indo tão bem quanto no ano passado. Espere as coisas melhorarem."

Você: "Eu entendo, mas minha produção este ano foi muito maior e minha contribuição para a empresa deveria ser recompensada."

Supervisor: "Você teve um aumento seis meses atrás."

Você: "Sim, e agradeço aquele aumento, mas foi um aumento automático que todos receberam. Sinto que meu trabalho deveria obter um reconhecimento especial."

Supervisor: "Isso vai contra a política da empresa."

Você: "Eu não quero desagradar a empresa, mas a política salarial tem certa flexibilidade. Acho que minha situação merece uma atenção especial."

Supervisor: "Você está na fila para uma promoção assim que abrir uma vaga no próximo nível."

Você. "Agradeço e aguardo por isso. Contudo, não há nenhuma indicação de quando isso vai acontecer, e sinto que neste momento estou fazendo uma contribuição excepcional."

Note que você não pediu um aumento por uma necessidade pessoal. O caso se baseou apenas em sua contribuição para a empresa. De fato, suas necessidades pessoais não são da responsabilidade de seu empregador, e é aconselhável evitar discuti-las.

A menos que você tenha um forte relacionamento pessoal com seu chefe, a chegada de um novo membro na família ou a compra de uma casa nova terá pouco peso no resultado.

Como fazer sua (próxima) carreira decolar

Note também que você não ameaçou ir embora. Nunca dê um ultimato ao seu supervisor. Se você "ganhar", sempre será visto como um chantagista; se perder, será demitido!

Escolha cuidadosamente o momento adequado. Uma boa ocasião para pleitear um aumento é depois de ter recebido um relatório de avaliação favorável ou realizado bem uma tarefa particularmente difícil. É melhor esperar do que escolher o momento errado.

> *As pessoas que vencem neste mundo são as que procuram as circunstâncias de que precisam, e se não as encontram, as criam.*
>
> George Bernard Shaw

Promoção

Marian Ruderman, diretora do Center for Creative Leadership em Greensboro, N.C., identificou três mitos comuns sobre promoções.

As pessoas são promovidas por desempenho. Embora o desempenho e as conquistas tenham um grande papel nisso, estar no lugar certo no momento certo é um fator importante. Em outras palavras, as circunstâncias e a oportunidade têm um papel relevante na promoção. Supervisores frequentemente se baseiam em sua própria intuição e nas opiniões de outras pessoas quando decidem quem será promovido. Eles dão muito

Progredindo dentro de sua própria empresa

valor àqueles em quem confiam e aos que se apresentam bem. Esteja atento para criar oportunidades para você mesmo.

As pessoas são promovidas porque suas habilidades condizem com a vaga. Embora as pessoas possam ser promovidas para usar suas habilidades específicas, frequentemente um cargo é criado ou adaptado às habilidades de um funcionário. À medida que as empresas crescem, os cargos costumam ser adaptados para condizer com as habilidades do candidato. Deixe suas habilidades serem conhecidas.

Nós estamos competindo com vários outros candidatos por uma promoção. Frequentemente o supervisor sabe exatamente quem ele quer promover. Se for você, seu trabalho é convencê-lo de que ele está tomando a decisão certa. Se você não tiver certeza, aumente sua visibilidade e exiba seus talentos.

Subindo

O caminho comum para o progresso e mais dinheiro é a subida periódica na hierarquia da empresa. O primeiro passo para garantir a promoção é óbvio: fazer bem o seu trabalho. Se você não tiver um bom desempenho em um nível inferior, em geral não será considerado para uma promoção. Um excelente desempenho, no entanto, não basta para garantir a promoção. Há vários outros fatores implicados aí.

Como fazer sua (próxima) carreira decolar

Promoção inicial

Muitas empresas têm um programa de promoção em níveis inferiores. Um jovem que se juntou à empresa como *trainee* em administração será facilmente promovido para um cargo administrativo inferior dentro de alguns anos, a menos que tenha um desempenho muito abaixo do padrão. A política e a estrutura da empresa podem facilmente absorver esse colaborador.

Contudo, muitas dessas promoções podem ser ilusórias. Elas representam um avanço na hierarquia e responsabilidade inicial, mas não levam a lugar nenhum. Indivíduos voltados para a carreira deveriam escolher o tipo de cargo desejado para sua linha de promoção, mesmo se isso significar declinar de uma promoção que não acrescentará nada à sua vida profissional.

Ben é um entrevistador de candidatos a emprego do departamento de Recursos Humanos de uma grande fábrica. Depois de dois anos na empresa, ofereceram a ele uma promoção a entrevistador sênior. Ben pediu uma reunião com seu supervisor para declinar da promoção. Ele sentia que precisava de uma experiência mais vasta em outros aspectos da gestão de recursos humanos para garantir seu crescimento profissional. O supervisor concordou e retirou o oferecimento. Seis meses depois, Ben foi promovido a vice-gerente no nível da fábrica, onde poderia adquirir uma variedade de experiências.

Quando oferecem a você uma promoção, pense cuidadosamente se o cargo é o que você deseja. Pergunte-se:

Esse cargo me leva diretamente a outro mais alto? Nele ganharei a experiência que me tornará mais valioso para a empresa?

Progredindo dentro de sua própria empresa

Esse cargo me dará uma oportunidade de tomar decisões? (É mais fácil demonstrarmos nosso valor em uma posição de tomar decisões. Claro que os riscos são mais altos, porque uma má decisão pode ter consequências negativas.)

Essa promoção é um bom passo temporário — mesmo se não tem uma relação direta com o objetivo da minha carreira? Por exemplo, ser assistente de um executivo sênior por um curto tempo costuma ser uma boa missão temporária. Ela possibilita aprender bastante sobre muitas fases da atividade empresarial. Contudo, se você permanecer muito tempo nesse cargo, não terá uma real experiência executiva. Você deve deixá-lo após um ou dois anos e ocupar uma posição de gestão.

Esse cargo me tornará *visível* para as pessoas que têm o poder de alavancar minha carreira? Não importa quanto você seja bom em seu trabalho — se ninguém souber disso, você não progredirá. Alguns cargos são mais visíveis do que outros. Um cargo que exige contatos frequentes com a alta administração tem uma vantagem sobre um que não. A pessoa que pensa primeiro no crescimento de longo alcance na empresa deveria examinar cuidadosamente esse fator ao planejar uma linha de promoção.

Além do cargo que você ocupa e da excelência de seu trabalho, dois outros fatores são importantes para suas chances de promoção: visibilidade pessoal e política da empresa.

Visibilidade pessoal

Além de exercer um cargo que dê visibilidade, você deve ser conhecido e respeitado por seus pares e superiores da empresa.

Como fazer sua (próxima) carreira decolar

Depois que seus colegas o enxergam como alguém de renome em sua área, você supera uma barreira básica para o progresso: o anonimato.

Alguns executivos em ascensão têm empregado especialistas em relações públicas para ajudá-los a obter o máximo de visibilidade, mas isso não é necessário. Apenas garanta que suas realizações se tornem conhecidas onde conta. Não há nenhum lugar para a falsa modéstia na luta por promoção. Vamos examinar alguns exemplos.

Quando Josh soube que nem mesmo estava sendo considerado para a promoção a chefe de seu departamento, ele ficou arrasado. Seu chefe imediato nos últimos cinco anos, Todd, lhe garantira que, quando se aposentasse, o recomendaria para o cargo. Infelizmente, Todd morreu dois anos antes de se aposentar, e a empresa contratou um novo gerente.

Por que a administração não considerou Josh? Porque ninguém, além de Todd, sabia da capacidade dele. Na verdade, nenhum dos gestores de nível superior ao menos conhecia Josh. Ele era "invisível". Na maioria das empresas, há muitas pessoas altamente competentes que, como Josh, nunca progredirão muito porque ninguém sabe quem elas são. Para crescer em sua carreira, você deve ser visível para outros gestores além de seus supervisores imediatos.

Como uma pessoa se torna visível? O primeiro requisito é competência. Se você é incompetente e visível, isso depõe contra você. Josh era competente, mas só competência não basta. Quando Josh ia a reuniões com seu supervisor, nunca contribuía com suas ideias. Se tinha um comentário a fazer, ele o anotava e passava para seu chefe, que então o fazia. Quando lhe pergun-

Progredindo dentro de sua própria empresa

taram por que ele não apresentava suas próprias ideias, Josh admitiu que temia falar em público.

Manifeste-se

Uma das maneiras mais eficazes de se tornar conhecido para os executivos da empresa é participar ativamente das reuniões. A maioria das pessoas que se destaca em suas áreas tem muito a oferecer. O temor de falar em público foi identificado como um dos medos mais comuns. Porém, é um sentimento que pode ser superado com treinamento e prática. Cursos de oratória são oferecidos na maioria das faculdades, e programas especiais como o Treinamento de Relações Humanas e Comunicação Eficaz, de Dale Carnegie, ajudaram inúmeras pessoas a vencer esse medo.

Demonstre interesse pelos objetivos das outras pessoas

Quando perguntaram a Valerie a que ela atribuía sua relativamente rápida ascensão na empresa, ela respondeu: "Aos meus grandes ouvidos." Valerie esclareceu: "Eu realmente ouço as outras pessoas — não só quando falam comigo, mas quando falam com outros ao meu redor. No início da minha carreira, eu estava esperando uma reunião começar e um homem que estava perto de mim conversava sobre controle estatístico de qualidade com outra pessoa no grupo. Algumas semanas depois, deparei com esse tema em uma publicação comercial. Lembran-

Como fazer sua (próxima) carreira decolar

do-me da conversa, recortei o artigo e o enviei para o homem que havia demonstrado interesse no assunto. Ele me agradeceu e disse a outro gestor que eu havia sido muito gentil. E aquele pequeno ato significou muito para ele. Eu decidi tomar por hábito enviar cópias de artigos para várias pessoas na empresa. Logo conquistei a reputação de ser uma colaboradora atenciosa, sempre em busca de informações que poderiam ser úteis para os outros. Isso levou executivos a pedirem minha transferência para seus departamentos, e cada departamento foi um avanço em minha carreira."

Seguindo o exemplo de Valerie, poderíamos de vez em quando enviar um artigo especialmente interessante para um alto executivo com quem tivemos algum contato. Note que não é prudente entrar em contato com o presidente ou outros executivos seniores se normalmente não trabalhamos com eles. Atenha-se aos níveis imediatamente acima do seu.

Voluntarie-se

Quando Bill se formou na universidade, juntou-se à equipe de Recursos Humanos de uma grande empresa dessas listadas na Fortune-500. Não demorou muito para ele perceber que havia pelo menos vinte outros jovens brilhantes com quem competiria por promoção. Para vencer a competição, Bill tinha de ter mais do que apenas um desempenho notável.

Alguns meses depois, Bill se voluntariou para presidir a campanha de arrecadação de fundos para a United Way. Nessa missão, ele visitou todos os departamentos do escritório central

Progredindo dentro de sua própria empresa

e conheceu a maioria dos executivos e diretores da empresa. Nos três anos seguintes, Bill presidiu a campanha.

Um dos vice-presidentes da empresa ficou impressionado com a dedicação de Bill à empreitada e o profissionalismo com que lidou com ela. Ele mencionou um cargo que queria criar em seu departamento, e que Bill poderia ser a pessoa certa para ocupá-lo. Bill aceitou a oferta. Agora, em vez de ser apenas um dos muitos competidores por promoção no departamento de RH, ele se tornara o protegido de um executivo sênior, com um nítido caminho profissional à frente.

> *Hoje, o conhecimento tem poder. Ele controla o acesso a oportunidades e avanços.*
>
> PETER DRUCKER

Torne-se ativo em associações profissionais

Samantha estava pronta para deixar seu emprego no departamento de marketing de uma das mais prestigiosas empresas americanas de bens de consumo. Ela simplesmente não conseguia se ver crescendo com tantos concorrentes bons competindo por promoção. Em vez de desistir, Samantha decidiu que precisava tornar-se visível para as pessoas mais importantes de seu departamento, a fim de que elas reconhecessem seu potencial.

Samantha era membro do comitê local da American Marketing Association. Para implementar seu plano, ela concordou

Como fazer sua (próxima) carreira decolar

em ajudar na programação do comitê. Sua primeira missão foi encontrar um orador para a reunião de abril. Sua escolha foi o vice-presidente de marketing da empresa em que ela trabalhava. Embora nunca tivesse falado com esse executivo e estivesse certa de que ele nem mesmo sabia quem ela era, Samantha o convidou para ser o orador. Ele não só aceitou como disse a ela que considerava uma honra ser convidado. Em duas ocasiões antes da reunião, ele a chamou para discutir a palestra. No evento, Samantha sentou-se no palco perto do orador e o apresentou ao grupo. Dali em diante, ela tornou-se visível para aquele vice-presidente e começou a fazer um excelente progresso no departamento.

Outros meios de se tornar visível é escrever artigos para publicação em revistas especializadas. Se o artigo envolver suas atividades na empresa, obtenha a aprovação de seu supervisor antes de enviá-lo. Isso lhe poupará constrangimentos se o texto contiver informações que não deviam ser publicadas. Na maioria das vezes, o artigo é aprovado e seu status melhora na empresa.

Considere, ainda, atuar como representante em uma associação comercial ou profissional, e participar de atividades comunitárias em que sua empresa demonstra interesse.

Outra ótima maneira de chamar a atenção de seu supervisor para seu desempenho é um cliente ou fornecedor mencionar você. Se alguém com quem você trabalha o elogiar, sugira que essa pessoa envie para seu chefe um e-mail ou bilhete sobre sua solicitude ou o bom serviço que você prestou. Esse tipo de feedback positivo aumenta seu valor para o departamento e para toda a empresa.

Competência e profissionalismo são essenciais para o sucesso, mas independente de quanto possamos ser eficientes, se os toma-

Progredindo dentro de sua própria empresa

dores de decisões na empresa não nos conhecerem, poderemos ser subestimados. Planejando e levando a cabo um programa para sua própria visibilidade, você poderá aumentar muito suas oportunidades de crescimento profissional.

Visibilidade não é apenas um fator-chave para a promoção, como também expande suas oportunidades em sua indústria, sua comunidade e em outros aspectos de sua vida. Ela se torna uma ferramenta útil para obter informações de outras pessoas na organização, fornecedores, clientes e até mesmo concorrentes. Além disso, permitirá que você tire o máximo proveito de networking (leia mais sobre isso no Capítulo Oito).

Autopropaganda

Um excelente modo de aumentar a visibilidade é criar uma propaganda pessoal para que, quando encontrar alguém dentro ou fora da empresa, você esteja pronto para fazer uma declaração clara e concisa de quem você é, o que faz e qual é o valor único que você traz para o mercado empresarial. Isso é chamado de autopropaganda, porque é tão conciso e persuasivo que as pessoas realmente prestam atenção em você e se lembram de quem você é e do que você faz em termos de resultados. Como qualquer executivo de publicidade poderia dizer, não é fácil criar uma declaração tão criativa e sucinta. O objetivo é fornecer clareza e despertar interesse, e fazer isso com menos de 150 palavras muito bem escolhidas (e em não mais de 60 segundos).

Objetivos da autopropaganda

O objetivo da autopropaganda é despertar o interesse dos ouvintes. Ela deveria torná-los curiosos o suficiente para quererem saber mais. A natureza bem ensaiada e genuína de uma autopropaganda eficaz cria oportunidades de uso em infinitos ambientes. Reuniões de associações comerciais, encontros sociais, grupos de profissionais e reuniões de improviso são lugares para potencial uso.

Criando uma autopropaganda

Digamos que você vá se reunir pela primeira vez com um executivo sênior de sua empresa. Você quer causar uma boa impressão da qual ele se lembrará. Mais cedo ou mais tarde, ele vai perguntar o que você faz na empresa. Embora trabalhem na mesma organização, não presuma que é suficiente dizer apenas qual é o seu cargo. O objetivo não é descrever o cargo, mas salientar o que torna você diferente, melhor e/ou mais eficiente do que outros funcionários que fazem um trabalho similar.

Um modo de conseguir isso é apresentar um "resumo preliminar" de um minuto sobre quem você é e o que tem feito. Assim como uma recapitulação reitera sua história *depois* que você a conta, um "resumo preliminar" é um *prólogo* que salienta aquilo sobre o que você vai falar depois. Esse resumo deveria declarar concisamente sua realização mais importante no trabalho.

Exemplo: "Eu sou um subgerente de RH. Adoro meu trabalho porque me dá uma chance de ser criativo. Por exemplo, eu

Progredindo dentro de sua própria empresa

criei um programa de treinamento em liderança para novos líderes de equipe que lhes permitiu se tornarem mais rapidamente produtivos ao assumirem seus novos papéis. Fiz isso criando uma série de 'jogos' de computador que cobriam a maior parte dos problemas enfrentados por novos líderes, para que os *trainees* pudessem aprender em seu próprio ritmo e tempo. A isso se seguiram vários exercícios interativos e o programa foi concluído com uma parte prática sob a mentoria de um líder de equipe experiente. Esse programa reduziu o período de treinamento em 30%."

Ensaie várias vezes o "resumo preliminar". Uma boa dica é gravá-lo e ouvi-lo. Para se certificar de que soe novo, não o decore. Esteja preparado para modificá-lo ressaltando os fatores de seu histórico que sejam de maior interesse para a pessoa com quem você estiver conversando. A cada vez que o usar, faça-o parecer original e relevante para o ouvinte — não uma fala decorada.

Política da empresa

Onde quer que pessoas trabalhem juntas, seja em uma empresa ou um clube social, há fatores políticos nos relacionamentos interpessoais.

Erwin Stanton, psicólogo

Em uma empresa, é comum haver grupos lutando por supremacia. Mesmo em uma organização pequena, grupos competem

Como fazer sua (próxima) carreira decolar

por promoção usando várias táticas para obter apoio de outras pessoas na administração.

A regra mais segura para um novo funcionário seguir é manter-se distante dessas disputas. É melhor ficar longe de qualquer facção, a menos que você seja forçado a fazer uma escolha. Geralmente é difícil permanecer afastado da política de uma empresa; mais cedo ou mais tarde, todos — exceto os mais inexperientes na hierarquia da administração — estarão de um lado ou de outro. Quase sempre a escolha não é feita por você. Alguém o designa para um cargo e, automaticamente, você é identificado como pertencente ao grupo político de seu chefe.

Se estiver em uma equipe em ascensão, isso trabalhará a seu favor. Quando o líder de sua equipe obtiver poder, você será recompensado com promoção e benefícios. Contudo, se você for identificado com um grupo político perdedor, pode estar destinado a um trabalho de nível baixo e ser forçado a sair.

Escolher um lado é uma decisão muito difícil. É melhor permanecer neutro o quanto puder. Para escolher o lado com maior probabilidade de vencer, é necessário conhecer profundamente a empresa, seu pessoal e o clima em que opera. Ao observar a situação de perto, você pode ser puxado junto com os vencedores em uma luta interna. No entanto, se estiver associado aos perdedores, pode ser um motivo convincente para procurar outro emprego.

A maioria das políticas internas da empresa não é decidida no ganha e perde. Elas permanecem sem uma conclusão definitiva ano após ano. Você pode acompanhar isso avaliando com frequência sua posição com o grupo e mantendo boas relações com todas as facções. Não é fácil mudar de lado sem alguma

Progredindo dentro de sua própria empresa

surpresa desagradável, mas saber quando e como fazê-lo pode garantir sua sobrevivência na empresa.

A competição

Na maioria das empresas, você terá de competir por posições acima da sua com pessoas dentro e fora de seu departamento. À medida que você vai subindo na hierarquia, as posições tendem a diminuir. E a competição por elas se torna muito acirrada.

Enquanto estiver subindo nas hierarquias, esteja ciente de quem disputa o cargo com você. Avalie seus oponentes e lute por desempenho superior e maior visibilidade.

Se você trabalha em uma empresa familiar, é possível, se não provável, que apenas membros da família cheguem à alta administração. Em qualquer empresa sempre haverá um competidor favorito do chefe ou muito à frente de você na corrida. Em qualquer uma dessas situações, pode parecer vantajoso contentar-se com um cargo mais baixo, ou decidir aprender tudo que puder e depois buscar uma posição na empresa em que haja mais oportunidades ou ir para outra organização. No entanto, se considerar que pode competir, faça seu melhor para deixar sua marca.

Alguns dos fatores com os quais você deve se preocupar são as táticas usadas por seus rivais. Nem todos vão jogar limpo. Infelizmente, você poderá encontrar competidores que o apunhalarão pelas costas na primeira oportunidade, se deixar que eles o ofusquem.

Embora essas táticas funcionem com algumas pessoas, os executivos experientes as conhecem e deploram. Menosprezar

Como fazer sua (próxima) carreira decolar

um colega é o cúmulo do mau julgamento. Ainda assim, alguns de seus rivais podem tentar abrir caminho passando por cima de você e de outros competidores.

Vamos examinar algumas dessas táticas e como você pode combatê-las.

Os difamadores: ficam atentos a cada movimento. Se você cometer um erro, certamente eles chamarão a atenção de toda a administração para isso. Os difamadores se regozijam com cada erro de seus oponentes. Você pode combatê-los tornando suas realizações públicas, como já discutimos. Se cometer apenas os poucos erros ocasionais que até mesmo os melhores cometem, seus acertos terão mais peso que seus erros.

Os negativistas: eles prestam muita atenção às suas ideias e aos seus planos. Geralmente, esperam para discuti-los em uma reunião com os mais altos executivos da empresa. E, então, atacam! Negativistas salientam todas as falhas no plano dos outros e enfatizam os aspectos negativos (p.ex., os custos são altos demais; isso nunca foi tentado; isso não será aceito etc.), ainda que você demonstre como os aspectos positivos têm um peso maior. Eles não sugerem alternativas. O objetivo dos negativistas é pôr você na defensiva e fazê-lo parecer estúpido. Se não estiver preparado, você correrá o risco de causar uma má impressão nos outros executivos. Seu plano poderá ser reapresentado posteriormente com todas as respostas certas, mas terá perdido uma rodada importante. A má impressão que eles queriam que você causasse permanecerá na mente dos administradores seniores. Para repelir esse tipo de ataque, esteja sempre pronto para defender suas ideias com lógica — *não* com

Progredindo dentro de sua própria empresa

emoção — quando for atacado por negativistas. Eles adorariam ver você explodir na frente do chefe. Isso reduziria seu possível avanço mais do que a maioria dos outros fatores.

Os que se acham superiores: ao contrário dos negativistas, os que se acham superiores tentam depreciar a concorrência sobrepondo a qualquer ideia outra que, pelo menos superficialmente, ofusca a sua. Por exemplo, você tem uma ideia bem planejada para um programa publicitário que requer que o produto seja endossado por uma celebridade. Os que se acham superiores se apoderam da sua ideia sugerindo uma atriz específica, muito glamourosa. Então, conduzem a discussão de modo a que se concentre na estrela "deles", como se a ideia fosse deles. Para combatê-los, ponha a contribuição deles na perspectiva apropriada. Se tiver pouco mérito, reitere a força de sua ideia. Se tiver algum valor, agradeça-lhes pela contribuição para *seu* plano, enfatizando a dimensão das possibilidades que a aplicação da *sua* ideia trará.

Os bajuladores: toda empresa tem seus bajuladores. Alguns chefes se cercam deles para satisfazer seu ego. Na verdade, saber quando e como bajular o chefe ajuda muitas pessoas a alavancar sua carreira. Mas há uma diferença entre o agrado ocasional e a bajulação. Os bajuladores encontram desculpas para lisonjear seus supervisores. Apressam-se a satisfazer todos os seus desejos; nunca discordam e geralmente repetem como papagaios as ideias de seus chefes. A melhor abordagem é avaliar seu supervisor: se ele for uma pessoa insegura, que precisa dessa *massagem* no ego, você só poderá vencer os bajuladores entrando no jogo deles. Mas a maioria dos executivos enxerga quem são essas figuras e se diverte mais com eles do que fica impressionado.

Como fazer sua (próxima) carreira decolar

Seja fiel a si mesmo e mantenha-se firme a suas ideias. Concorde ou discorde de seu superior conforme a ocasião e apresente seus argumentos clara e honestamente. A maioria dos chefes geralmente reconhece seu direito de fazer isso. Se não estiverem convencidos de que seus argumentos estão certos, eles respeitarão seu direito de discordar.

Aprenda a identificar seus rivais e prepare-se para combatê-los analisando como eles operam. Um trabalho bem-feito e o reconhecimento dele ainda é o caminho mais rápido para o crescimento na empresa. Conspirações de rivais podem causar reveses temporários, mas sua integridade invariavelmente o fará superá-los.

A análise de desempenho

Um dos fatores mais importantes para a determinação de seu progresso na empresa é a análise de desempenho. Na maioria das organizações, os supervisores a fazem anualmente.

Muitas pessoas temem essa reunião. O medo e o estresse só atrapalham nesse tipo de situação crítica. Com um planejamento cuidadoso, no entanto, você pode torná-la um trunfo.

Reveja seu próprio desempenho

Para obter o máximo de sua análise de desempenho, é essencial que você se prepare cuidadosamente para ela. Antes de se reu-

212

Progredindo dentro de sua própria empresa

nir com o supervisor, reveja objetivamente todo o período sob análise. Isso pode ser fácil se você fez um registro completo de suas atividades.

Se não o fez, consulte todos os registros disponíveis.

Liste todas as suas realizações

Em seus apontamentos, registros escritos ou de memória, identifique as principais realizações do ano anterior. Inclua tudo o que você fez de especial que tenha contribuído para o sucesso do departamento. Por exemplo, liste as sugestões que você fez e que foram implementadas, como o início de um programa de segurança que reduziu consideravelmente acidentes, o desenvolvimento de um método para economizar tempo que tornou possível cumprir prazos muito apertados, a mentoria de uma nova funcionária para torná-la produtiva mais rapidamente, ir muito além das metas em uma determinada tarefa e realizações similares.

Não ignore suas deficiências

Nenhum de nós é perfeito. Há algumas atividades em que você sabe que pode se sair melhor. Seu supervisor provavelmente mencionará isso na análise. Pense nos modos pelos quais seu desempenho pode ser melhorado e esteja preparado para apresentar métodos para isso.

Por exemplo, talvez você não saiba tanto quanto deveria sobre certos procedimentos técnicos. Seu supervisor provavel-

Como fazer sua (próxima) carreira decolar

mente comentará sobre essa deficiência, por isso esteja preparado para discutir o que está fazendo agora para obter esse conhecimento.

Seu papel na discussão da análise

Lembre-se de que a análise é uma conversa entre o supervisor e você. Não é simplesmente uma oportunidade de ele dizer: "Isto você fez direito; aquilo você fez errado." Deve ser uma via de mão dupla. É verdade que nessa interação você pode ter mais a ouvir do que a falar, mas seus comentários são importantes.

Ouça atentamente. Não interrompa, mas faça perguntas para esclarecimento. Se o que o supervisor está dizendo não estiver claro, parafraseie o que ele acabou de falar. Pergunte "Devo entender que você quis dizer...?" ou faça uma pergunta específica sobre a afirmação. Deixe o supervisor completar os comentários dele antes de fazer os seus.

Seja construtivo. Se você não concordar com os comentários do chefe, deve fazer uma réplica. Como preparou cuidadosamente uma lista de suas realizações e tem consciência de suas deficiências, você está pronto para expressar seus pontos de vista.

Uma boa ideia é começar agradecendo ao supervisor por seu apoio no ano anterior e depois acrescentar "Eu entendi tudo que você acabou de dizer e aprecio sua franqueza. Mas há certas realizações das quais eu particularmente me orgulho, e

Progredindo dentro de sua própria empresa

pelas quais você me elogiou na época, que talvez não tenham sido levadas em consideração". Então, enumere esses itens. Se deficiências foram salientadas, não arranje desculpas para elas. Em vez disso, diga o que está fazendo para corrigi-las. Sugira que seu supervisor considere seus esforços para melhorar seu desempenho antes da avaliação final.

> *Análises de desempenho são uma via de mão dupla. Tanto o supervisor quanto o subordinado deveriam considerá-la uma oportunidade de avaliar o desempenho construtivamente e traçar planos para melhoria contínua.*

SCOTT VENTRELLA, CONSULTOR E ESCRITOR

Estabeleça objetivos para o futuro

Em muitas organizações, o período da análise de desempenho é um momento para estabelecer objetivos para o próximo período. Discuta o quão perto você chegou de atingir os objetivos estabelecidos na análise anterior. Se durante o ano esses objetivos não foram atingidos, explique as circunstâncias.

Discuta quais são seus objetivos para o próximo período. Podem ser na forma de objetivos específicos relacionados ao trabalho, como aumento da produção ou desenvolvimento de novos projetos, ou objetivos pessoais relacionados com a empresa, como aprender um novo idioma ou programa de computador ou obter um diploma de graduação ou pós-graduação. Certifique-se de que esses objetivos são importantes para a

Como fazer sua (próxima) carreira decolar

empresa e de que aumentarão suas oportunidades de promoção. Saliente que você está comprometido em cumpri-los.

Se você seguir essas sugestões, poderá fazer com que as análises de desempenho trabalhem a seu favor e se tornem um valioso degrau para você progredir na carreira.

Resumo

- Analise suas oportunidades estudando a situação de sua área, sua empresa e seu trabalho atual, assim como seus objetivos pessoais.
- Se estiver satisfeito com a empresa em que trabalha, mas seu cargo não oferecer oportunidades de crescimento, considere uma transferência interna para outro departamento.
- Se a promoção ou transferência não for uma opção, siga as sugestões neste capítulo para obter um aumento salarial.
- Para aumentar suas oportunidades de promoção:

  1. Torne-se um especialista no que faz e aproveite as oportunidades de exibir seus talentos, criar um produto, resolver um problema e/ou obter resultados.
  2. Demonstre ótimas habilidades de comunicação, liderança e oratória.
  3. Exceda as expectativas. Faça mais do que o prometido, gaste menos do que o orçamento e termine uma tarefa antes do prazo.

Progredindo dentro de sua própria empresa

4. Mostre um genuíno desejo de aprender. Faça perguntas, seja um bom ouvinte e demonstre interesse pelos outros e em como o trabalho deles se relaciona com o seu.
5. Demonstre uma curva de aprendizado acentuada e impressionante.
6. Saiba quais são as prioridades de seu chefe e contribua para esses projetos.
7. Busque e aproveite oportunidades de treinamento.
8. Fique longe de política e fofocas.
9. Aprenda a lidar efetivamente com a diversidade.
10. Faça o dever de casa. Pesquise o cargo ou a promoção que está buscando. Deixe suas aspirações serem conhecidas.
11. Manifeste-se nas reuniões da empresa — mas certifique-se de que o que você diz é pertinente e correto.

- Se tiver feito uma contribuição notável para o trabalho, fique com o crédito por isso (e dê crédito aos que o ajudaram). Não é preciso exagerar ou menosprezar os outros para obter esse reconhecimento.
- Leia revistas técnicas e de comércio. Recorte ou encaminhe artigos que você considere ser do interesse de seu supervisor. De vez em quando, envie um artigo especialmente interessante para um alto executivo com quem teve algum contato.
- Vá a reuniões de associações comerciais e profissionais, faça anotações e informe seus superiores sobre assuntos do interesse deles.

Como fazer sua (próxima) carreira decolar

- Escreva artigos para publicações especializadas. Se o conteúdo envolver suas atividades na empresa, obtenha a aprovação de seu supervisor antes de enviá-lo.
- Inove. Faça sugestões sobre melhorias ou produtos e/ou serviços. Mas certifique-se de que suas sugestões são relevantes para os objetivos da empresa. Sugestões irrelevantes apenas para ser notado podem fazer o tiro sair pela culatra.
- Torne-se ativo em associações profissionais ou comerciais. Voluntarie-se para ler um artigo ou organizar e presidir uma reunião. Convide seu supervisor para ir à reunião ou até mesmo participar do programa.
- Peça conselhos a seu chefe sobre suas perspectivas de crescimento. Peça sugestões de cursos ou livros.
- Se um cliente, fornecedor ou outra pessoa de fora elogiar seu trabalho, peça que escreva um bilhete para seu chefe. Obviamente nós não solicitamos esse tipo de endosso, mas se o mesmo cliente o elogiar com frequência, um comentário informal como "Estou feliz por minha sugestão ter ajudado você a resolver aquele problema. Ron acharia útil se você lhe falasse sobre isso", não seria inconveniente.
- Faça mais do que sua obrigação. Algo que ganhe publicidade na empresa. Conduza uma campanha de caridade; aceite uma missão que ninguém mais quer; escreva artigos para o boletim informativo da organização etc. Torne seu nome conhecido de um modo favorável em toda a empresa.

Progredindo dentro de sua própria empresa

- Prepare-se para análises de desempenho listando suas realizações no ano anterior e indicando o que está fazendo para superar suas deficiências.
- Seja paciente. As promoções não acontecem da noite para o dia.

> *Quando uma porta se fecha, outra se abre, mas frequentemente olhamos por tanto tempo e tão pesarosamente para a porta fechada que não vemos a que se abriu para nós.*
>
> Benjamin Disraeli

CAPÍTULO OITO

Buscando um novo emprego
— Fontes de trabalho

Você pode estar procurando um novo emprego involuntariamente, porque perdeu o atual. Na economia de hoje, as demissões são comuns, e é preciso estar preparado para procurar trabalho em outro lugar se a empresa passar por uma reestruturação e começar a demitir.

Por outro lado, após analisar sua situação atual e estudar os resultados de sua avaliação (sugerido no Capítulo Sete), você pode decidir que as oportunidades em sua empresa atual são limitadas e querer procurar um novo emprego em outro lugar. Cuidado! Mudar voluntariamente de emprego é um assunto sério e uma decisão que não deveria ser tomada levianamente. Antes de começar a procurar um novo emprego, você deveria considerar o seguinte:

Revise a avaliação de sua posição e da organização e certifique-se de que há motivos suficientes para deixar a empresa.

Como fazer sua (próxima) carreira decolar

Nunca mude de emprego por motivos puramente emocionais. Se estiver indo embora porque não gosta de seu supervisor, certifique-se de que essa aversão é tão grande que tem um peso maior do que as vantagens que a empresa oferece. Uma transferência para outro departamento pode ser uma melhor escolha.

Nunca se demita ou ameace se demitir por causa de uma desavença. Permaneça no emprego até conseguir outro. Estar empregado obviamente aliviará a pressão financeira e emocional do desemprego, mas, além disso, muitas empresas preferem contratar pessoas que estejam empregadas.

> *O segredo de progredir é começar. O segredo de começar é dividir as tarefas árduas e complexas em tarefas pequenas e administráveis, e depois começar pela primeira.*
>
> MARK TWAIN

Planejando a procura por emprego

A procura por emprego é uma grande empreitada e deve ser cuidadosamente planejada. Ela não pode ser feita de maneira aleatória. Considere-a uma campanha de vendas em que o produto anunciado é sua capacidade de ser valioso para o possível empregador. O plano inclui:

- Uma cuidadosa análise de seu histórico — o que você oferece para esse empregador;

Buscando um novo emprego — Fontes de trabalho

- Fazer uma lista de fontes de emprego;
- Redigir um currículo que venda você;
- Preparar-se para as entrevistas.

Neste capítulo, discutiremos os dois primeiros itens. Os últimos dois serão discutidos no Capítulo Nove.

Seu inventário de realizações pessoais

O primeiro passo para procurar emprego é rever todo o seu histórico e fazer um inventário de suas realizações. Eis algumas das coisas que deveria indicar:

Escolaridade

Se você não tiver formação universitária, mencione todo ensino ou treinamento pertinente para o cargo desejado.

Se tiver, especifique a universidade, o(s) diploma(s) e quaisquer realizações ou distinções. Se você saiu da faculdade há cinco anos ou menos, fale mais sobre isso; se foi há mais tempo, a escolaridade se torna menos importante do que a experiência profissional — portanto, não há nenhuma necessidade de detalhar sua experiência acadêmica.

Seja como for, especifique qualquer curso feito que mostre que você está acompanhando os avanços em sua área. Cite certificados e habilitações, como técnico em contabilidade e educação física, membro de um conselho profissional e outros.

Como fazer sua (próxima) carreira decolar

Cite inscrições em associações profissionais, ocupacionais ou industriais. Se considerar pertinente, relacione publicações em que seu trabalho tenha aparecido, participação em convenções da indústria etc.

Experiência profissional

Relacione todos os empregos que teve, começando pelo atual ou mais recente e indo até o mais antigo. É sua experiência mais recente que provavelmente será a mais necessária para o cargo desejado.

Para cada emprego:

Ponha o nome e endereço da empresa, a data de entrada e o cargo. Se você exerceu vários cargos na mesma empresa, trate cada um como um cargo separado. Indique o salário inicial e o último ou atual, o nome do supervisor e seu motivo para deixar a empresa. Observação: não se usam todas essas informações no currículo (veja o Capítulo nove), mas você ainda precisará delas para formulários de candidatura e na entrevista.

Ao preparar respostas para perguntas que poderiam ser feitas sobre qualquer uma das áreas citadas, relacione problemas específicos enfrentados e como você lidou com eles. Essas soluções fornecerão provas de suas realizações.

Fazendo um inventário de realizações pessoais, você está apto a redigir seu currículo, discutir seu histórico com pessoas em sua rede e responder a perguntas que provavelmente serão feitas nas entrevistas.

Buscando um novo emprego — Fontes de trabalho

> *A pessoa comum usa apenas 25 por cento de sua energia no trabalho. O mundo tira o chapéu para aqueles que usam mais de 50 por cento de sua capacidade e se encanta por aqueles que usam 100 por cento.*
>
> Andrew Carnegie

Fontes de emprego

Há muitos modos de ficar a par de oportunidades de trabalho. É preciso ter a mente aberta na procura por emprego, porque nunca se sabe de onde a oportunidade poderia vir.

Usando sites de emprego

Os sites de emprego são o equivalente on-line a anúncios de emprego publicados em um jornal. Há dois modos de usar seus serviços. Um é pesquisar as vagas abertas; o outro é enviar seu currículo para o banco de dados do site. Não é cobrado nada dos candidatos por nenhum dos dois serviços.

Atualmente há muitos sites de emprego, e parecem surgir mais a cada mês. A maioria cobra uma taxa para as empresas anunciarem suas vagas. Nada é cobrado dos candidatos. Quando um candidato se registra no site, pode pesquisar nos arquivos deles, postar seus próprios currículos e obter dicas de como preparar um currículo e usar o serviço.

Como fazer sua (próxima) carreira decolar

No Brasil, os mais conhecidos são o Catho (www.catho.com. br), o InfoJobs (www.infojobs.com.br), o Empregos (www. empregos.com.br) e o Site Nacional de Empregos — SINE (www. sine.com.br), além do LinkedIn, que está em primeiro lugar e é uma plataforma que mistura rede social, site de emprego e currículo on-line.

Pesquisando vagas

Mesmo que uma empresa tenha seu próprio *website*, ela não pode esperar que o candidato desejado se registre. Para ampliar seu alcance, as empresas anunciam em um ou vários sites de emprego. Como esses anúncios são bem mais abrangentes do que a maioria dos anúncios em jornais, podem nos fornecer muito mais informações sobre o cargo. Usando palavras-chave, podemos selecionar listas adequadas e, se interessados, fazer contato direto com o empregador.

Enviando seu currículo para o site

Um modo muito eficaz de encontrar um emprego é enviar seu currículo para o site. Assim como a empresa usa palavras--chave para atrair candidatos, use palavras-chave que os empregadores pesquisarão e que destacarão suas qualificações para o cargo. Nomes de cargos são válidos, mas frequentemente gerais demais ou específicos de uma empresa. Podem resultar

Buscando um novo emprego — Fontes de trabalho

em tantas postagens que a sua fica perdida. Use um título específico, não geral. Se listar "gerente", seu currículo se misturará com os de gerentes de todos os tipos de categorias. Use o título que o descreve melhor: "gerente de controle de produção", "gerente de loja de roupas masculinas" ou "gerente de treinamento e desenvolvimento".

Ao enviar seu currículo para uma base de dados, você não precisa necessariamente usar o nome de um cargo. Como as vagas não são listadas em ordem alfabética por cargo (como são nos anúncios em jornais), mas acessadas com a palavra-chave, escolha uma palavra ou frase que as empresas possam considerar descritiva da vaga que estão tentando preencher. Em vez de escrever "cientista de computação", use algo mais específico como *designer* de *software* ou "analista de sistemas financeiros".

Inclua palavras-chave que amplifiquem sua experiência no currículo, com "projetado e desenvolvido" ou termos que indiquem conhecimento especial. Um especialista em computação poderia relacionar os nomes de programas ou sistemas usados; um gerente de recursos humanos poderia indicar áreas de experiência importantes, como "negociações sindicais" ou "desenvolvimento de executivos". Um executivo de vendas poderia salientar os mercados cobertos, como "cadeias de abastecimento alimentar" ou "produção industrial".

Quando uma empresa selecionar seu currículo, ela entrará em contato com você por e-mail, telefone. Em geral, o representante da empresa deve pedir mais informações sobre você e/ou fará uma entrevista por telefone para decidir se o convida para uma entrevista. Antes de responder a perguntas, acesse o

Como fazer sua (próxima) carreira decolar

site da empresa e obtenha o máximo de informações que puder sobre ela. Isso o preparará para se apresentar melhor quando realmente fizerem o contato.

> *O mercado de trabalho se baseia em oferta e demanda.*
> *Você é o produto e há muitos como você. Ajuste-se a*
> *isso.*
>
> MEGAN PITTSLEY, COACH DE CARREIRA

Respondendo a anúncios

Outra fonte de emprego são os anúncios publicados em jornais e revistas. Como ocorre com os anúncios na Internet, por causa do enorme número de respostas ao anúncio, sua chance de conseguir o emprego que deseja é relativamente pequena. Contudo, vale a pena ler esses anúncios e responder àqueles cujos requisitos forem cumpridos por seu histórico.

Todas as grandes cidades e muitas cidades menores têm pelo menos um jornal com anúncios de emprego. Além disso, muitos jornais publicam anúncios maiores (chamados de anúncios gráficos) para cargos executivos e técnicos, geralmente publicados em páginas financeiras ou de negócios.

Anúncios em jornais locais ou de cidades grandes são apenas uma fonte de emprego. Também há anúncios em revistas e jornais especializados em todas as indústrias, ocupações e profissões. Por exemplo, executivos e funcionários administrativos acharão o *Wall Street Journal* uma excelente fonte de emprego.

Buscando um novo emprego — Fontes de trabalho

Como aqueles na Internet, muitos anúncios impressos não identificam a empresa que está contratando. Em vez disso, a identificação é feita por meio de uma caixa postal. As empresas usam esses "anúncios cegos" por vários motivos. Um deles é que não querem que a equipe saiba que estão pensando em substituir alguém. Além disso, não querem ser inundados de candidatos ligando diretamente para eles. Também podem querer evitar o constrangimento de ser pressionados por amigos, parentes, clientes e outros a considerar e entrevistar candidatos não qualificados.

Se você está desempregado ou procurando abertamente uma colocação, não há nenhum problema em responder a um anúncio cego. Mas, se está empregado, deve ter muito cuidado ao responder a um anúncio, porque pode muito bem ser de sua própria empresa.

O melhor conselho é não responder a nenhum anúncio cego em que a descrição seja muito parecida com a de seu empregador atual. Obviamente, se o anúncio diz que a vaga é na indústria da borracha e você trabalha em uma cervejaria, não há nenhum perigo. Se não houver como identificar pelo menos a área geral em que a empresa atua, é melhor não responder a esse anúncio.

Se a descrição do cargo identificar a empresa, você ficará livre desse tipo de dúvida. Geralmente uma empresa "assina" um anúncio quando deseja atrair pessoas que conhecem sua reputação ou que candidatos respondam sem medo de ser a própria empresa deles.

Ao responder a qualquer anúncio (cego ou assinado), leia-o cuidadosamente. Determine o que essa empresa está procuran-

Como fazer sua (próxima) carreira decolar

do. Há algo particular em seu histórico especialmente relevante para o que eles querem? Se seu currículo não ressalta esses fatores, complemente-o com uma carta de apresentação salientando seu histórico nas áreas desejadas pelo empregador.

Sua carta de apresentação deve ser breve e ajustada às exigências do cargo, cumprindo-as uma a uma. Isso é particularmente útil quando o anúncio é muito específico sobre as exigências da empresa. O currículo contará o resto da história.

Usando agências de emprego

Para usar eficazmente agências de emprego, é bom entender como elas funcionam e o que você pode fazer para obter os melhores resultados de seus esforços.

Uma das primeiras coisas a determinar sobre uma agência é se ela possui os tipos de cargos em que você está interessado. Dificilmente é vantajoso se registrar em uma agência que raramente ou nunca anuncia vagas em sua área e/ou sua faixa salarial.

Quando você encontrar uma agência que pareça promissora, visite-a e se certifique de que os funcionários realmente entendem suas necessidades e têm a experiência e os contatos para trabalhar o melhor possível a seu favor. Na agência, você será encaminhado para um consultor. Essa pessoa deve estar familiarizada com o mercado de trabalho e lhe dar muitas informações sobre as possibilidades atuais em sua área. Ela deveria revisar seu currículo e fazer sugestões sobre como melhorá--lo (esteja preparado para isso). Se houver uma vaga específica para a qual você esteja qualificado, o consultor poderá sugerir

Buscando um novo emprego — Fontes de trabalho

que seu currículo seja adaptado para enfatizar os aspectos de seu histórico que poderiam ser mais valiosos para o empregador.

Para obter o máximo de benefícios de uma agência de emprego:

1. Seja totalmente franco com o consultor ao discutir seus objetivos.
2. Obtenha a avaliação dele de seu valor para o mercado.
3. Tenha em mente que a equipe da agência tem um conhecimento profundo de faixas salariais e benefícios, e geralmente possui esses dados de outras áreas geográficas além daquela em que você está.
4. Mantenha contato com o consultor a intervalos acordados, para que ele se certifique da persistência de seu interesse e de sua disponibilidade.

Quando for encaminhado para um possível empregador, mantenha a agência inteiramente informada de seu progresso. Isso é particularmente essencial em uma situação em que várias entrevistas são marcadas antes de a empresa estar pronta para fazer uma proposta. Nesses casos, a agência — mantendo contato com você e o possível empregador — é capaz de fornecer informações e conselhos adicionais frequentemente muito valiosos entre as entrevistas.

Com quantas agências você deveria trabalhar? Não é aconselhável se limitar a uma e nem enviar seu currículo indiscriminadamente para todas as agências de sua cidade. Uma boa ideia é ler os anúncios de emprego da agência em sua própria cidade, assim como em regiões em que você poderia desejar se colocar. Mesmo se não houver nenhuma lista específica que atenda às suas neces-

Como fazer sua (próxima) carreira decolar

sidades, se a agência de emprego tiver oportunidades em sua área geral de interesse, vale a pena entrar em contato com ela.

Frequentemente, possíveis empregadores, parceiros de negócios e executivos (nas empresas que lidam com agências) podem sugerir boas agências com as quais entrar em contato. Obtenha as melhores informações que puder sobre quais agências trabalham mais e são mais eficazes. Isso poupa tempo!

As mesmas sugestões que se aplicam a agências de emprego particulares também funcionam bem quando você revela sua disponibilidade para associações profissionais e técnicas, escritórios de colocação de ex-alunos da faculdade e outras organizações que podem encaminhar candidatos a emprego.

Recrutadores de executivos

Se estiver procurando uma posição com um salário de mais de 100 mil dólares por ano, os recrutadores de executivos são outra boa fonte. Esses profissionais diferem das agências no sentido que trabalham exclusivamente para empregadores e tendem a trabalhar com indivíduos em áreas ou setores específicos. Os recrutadores de executivos raramente anunciam suas vagas. Tipicamente, eles pesquisam uma área para identificar candidatos adequados e depois abordá-los diretamente. Quase todas as pessoas contratadas por meio dessa técnica estão atualmente empregadas e podem nem mesmo estar pensando em trocar de empresa ou cargo quando contatadas. Os recrutadores não ajudam um candidato a procurar emprego. Na verdade, isso iria contra o objetivo deles.

Buscando um novo emprego — Fontes de trabalho

Uma das melhores e mais fáceis fontes para os recrutadores examinarem é seus próprios arquivos. Portanto, é aconselhável enviar um currículo para os recrutadores que trabalham em suas áreas de interesse. Escreva uma breve carta descrevendo sua pretensão salarial, seu desejo de se recolocar e outros dados pertinentes. Alguns recrutadores podem convidá-lo para uma entrevista. Contudo, a maioria apenas arquivará a carta para uso futuro. Atualmente, é mais provável que lhe peçam para anexar e enviar seu currículo eletronicamente. Se e quando seu arquivo surgir em uma busca, eles entrarão em contato com você.

Telefonar para o recrutador de executivos provavelmente é uma perda de tempo. A única exceção a essa regra geral seria o recrutador estar disposto a vê-lo como uma cortesia para um colega mútuo ou uma empresa como a de seu ex-empregador. Uma entrevista dessas pode aumentar ligeiramente suas chances de ser considerado em uma das pesquisas atuais ou futuras deles. Hoje, a maioria das empresas tem um arquivo centralizado onde as indicações de todos os associados são mantidas. Se um recrutador realmente entrevistá-lo e o considerar um bom candidato, isso será anotado em seu arquivo e você será alçado a uma categoria de maior prioridade.

A pessoa que vai mais longe geralmente é aquela que está disposta a fazer e ousar. O barco certo nunca vai longe da costa.

DALE CARNEGIE

Como fazer sua (próxima) carreira decolar

Serviços de consultoria de emprego

Não confunda serviços de consultoria de emprego com recrutadores de executivos. Se você faz esse tipo de confusão, não é por acaso, porque os anúncios deles dão a impressão de que são recrutadores. Contudo, esses tipos de organizações diferem consideravelmente. Por exemplo, os serviços de consultoria de emprego cobram uma taxa do candidato. Por essa taxa, fornecem orientações sobre como proceder na busca por emprego. Esses serviços podem incluir uma avaliação da escolaridade e experiência profissional, redigir um currículo profissional, preparar campanhas de mala direta e muitas outras coisas. Não há nenhuma garantia de que a participação deles em sua busca levará a uma real colocação. Eles podem prometer qualquer coisa por dinheiro. Suas taxas chegam a valores altíssimos, dependendo dos serviços que você contratar. A maior parte do que oferecem você pode fazer sozinho, seguindo as diretrizes apresentadas neste livro.

Serviços de recolocação

Além de prestar serviços aos indivíduos que procuram emprego sozinhos, os consultores de emprego também trabalham para os empregadores ajudando os funcionários demitidos a encontrar um novo emprego. Como a empresa paga suas taxas, o candidato deveria tirar proveito desses serviços. Eles podem ajudar muito a seguir o caminho certo em sua busca por emprego, mas não há nenhuma garantia de que serão bem-suce-

Buscando um novo emprego — Fontes de trabalho

didos, por isso você deve estar pronto para usar também as outras fontes discutidas neste capítulo.

> *Para ir em frente — e ser contratado — você tem de trabalhar duro. Se puder dividir trabalhos complexos em tarefas menores, poderá começar — e terminar — mais rápido.*
>
> KEVIN DONLIN, *MINNEAPOLIS STAR TRIBUNE*

Usando a Internet para conseguir emprego

A empresa que pode contratar você provavelmente usará buscas e pesquisas on-line para identificar candidatos qualificados para suas vagas.

Usando páginas da empresa na Internet

A Internet tem tornado cada vez mais fácil (e portanto ainda mais necessário) pesquisar empresas em que você possa estar interessado em trabalhar. É imperativo visitar o site da empresa, além de fazer uma ampla busca na Internet para ver que afirmações positivas ou negativas foram feitas sobre ela. Você deveria dedicar um bom tempo a conhecer todos os produtos ou serviços oferecidos e, é claro, os tipos de cargos e as listas de vagas atuais.

Como fazer sua (próxima) carreira decolar

Uma pesquisa de mil recrutadores empresariais descobriu que a maioria usava uma parte significativa de seu orçamento para recrutamento na Internet, e isso está aumentando exponencialmente. Muitas empresas têm sites especiais dedicados a aberturas de vagas. Você pode acessá-las registrando-se no site principal da empresa e clicando no link para as listas de empregos.

A maioria das empresas fornece em seu site muitas informações sobre seu negócio e oportunidades. Ao contrário dos anúncios em jornais, a lista não compete lado a lado com anúncios de outras empresas e não é limitada pelas exigências de espaço e formato dos anúncios impressos. Isso permite a você estudar o que a empresa oferece e o que o cargo exige. Se for compatível com seu histórico e seus objetivos profissionais, você pode fazer contato imediatamente por e-mail ou telefone. Além disso, pode preparar um currículo especial que enfatize os aspectos de seu histórico que se encaixam nas exigências do cargo. (Mais sobre como fazer isso será encontrado na discussão sobre currículos e cartas, no Capítulo Nove).

Mesmo se não houver nenhuma vaga imediata, você pode inserir as informações pertinentes em seu arquivo de recursos para futura referência.

Usando mídias sociais

Na última década, as redes sociais se tornaram uma parte integrante de nossa vida diária. Em consequência disso, é fundamental que todos os candidatos a empregos as usem como ferramentas para expandir suas redes profissionais e identificar

Buscando um novo emprego — Fontes de trabalho

possíveis oportunidades de trabalho. As redes sociais mais eficazes para quem procura emprego são Facebook, LinkedIn e Twitter.

Se você está no Facebook, pense em quantos amigos pode ter. Cinquenta? Cem? Quinhentos? Agora, pense em quantos amigos cada um de seus amigos tem. Simples aritmética revelará que você está a dois graus de separação de milhares de indivíduos. Embora possa classificar esses indivíduos como "amigos", cada um deles pode ser um membro útil de sua rede profissional. Comece revendo seus amigos no Facebook e as conexões que eles podem ter — um poderia ter um membro da família com a mesma profissão que você, ou um amigo que trabalha na empresa à qual você está se candidatando a um emprego. Uma mensagem simples e sincera pelo Facebook para esse indivíduo lhe pedindo para restabelecer contato e no devido tempo ajudá-lo em sua busca por emprego pode levar a um encaminhamento direto para essa empresa e ajudar a pôr seu currículo no topo da lista para avaliação.

Enquanto o Facebook frequentemente é nossa casa on-line, o LinkedIn pode ser considerado nosso escritório. Se você ainda não está no LinkedIn, registre-se hoje e crie um perfil. Isso é particularmente importante se está começando uma busca por emprego, ou no meio de uma. Seu perfil no LinkedIn é basicamente seu currículo on-line, ao qual possíveis empregadores poderão ter acesso conforme sua conveniência. (A propósito, você deveria incluir o link para seu perfil no LinkedIn em seu currículo impresso.) Quando seu perfil estiver pronto, pode começar a fazer conexões com pessoas com quem trabalhou ou estudou. Criando um grupo de conexões, o próprio serviço irá sugerir automaticamente novos contatos. Cada conexão deve ser fundamentada para que você saiba que é relevante. Logo notará que está estreitamente ligado a centenas, se não milhares, de indivíduos em sua área, e poderá identificar em que empresas eles trabalham e quem mais trabalha lá. Muitos empregadores também anunciam vagas no LinkedIn, na parte de empregos da página no LinkedIn da própria empresa, com notícias, fórum de discussões e análises de funcionários da empresa, que são ótimos recursos para sua pesquisa.

O Twitter também é uma importante ferramenta de mídia social. Considere o Twitter um microblog ou seu feed pessoal de notícias. O feed de notícias consiste em no máximo 140 caracteres de atualizações de pessoas ou grupos que seguimos. Uma vez que começamos a tuitar, as pessoas nos seguem. Se você usar o Twitter profissionalmente, as pessoas em sua área notarão o que você está dizendo e você poderá ficar a par de assuntos de sua área profissional, inclusive links para vagas abertas e outras oportunidades de desenvolvimento profissional. Uma função-chave do Twitter é a hashtag, #. Se você estiver interessado em notícias de marketing, procure sob a hashtag #marketing e verá atualizações do que está em alta na área. Pode fazer o mesmo para #empregosmarketing, #empregoseducação, #empregosengenharia e assim por diante.

Usar mídias sociais é apenas uma parte da estratégia para procurar emprego. O desenvolvimento da carreira é um processo constante de divulgar aptidões e habilidades, estabelecer conexões importantes e identificar oportunidades profissionais. É melhor avaliar e refletir frequentemente sobre esse processo para poder mudá-lo quando necessário. Com a rapidez com

Buscando um novo emprego — Fontes de trabalho

que o mundo se move nestes tempos dinâmicos, o uso eficaz das mídias sociais o ajudará a se manter à frente, posicionando-se para o sucesso profissional.

Cuidado: embora seja possível limitar as pessoas que podem ver sua página no Facebook e em outras redes sociais, é melhor considerar que qualquer um pode ter acesso a tudo que você posta em uma mídia social. Tenha o cuidado de nunca escrever ou postar algo que não gostaria que um futuro empregador visse.

Networking — descobrindo o mercado de trabalho oculto

A maioria dos empregos mais desejáveis não é conhecida nem mesmo por agências ou recrutadores. Os recrutadores em geral só lidam com uma porcentagem relativamente pequena do número total de vagas em um determinado ano. Quase todas as vagas são preenchidas por propaganda boca a boca. Às vezes, a empresa não está realmente procurando candidatos, mas manifesta interesse em entrevistar pessoas que poderiam atender às suas necessidades atuais ou futuras. Algumas empresas podem estar planejando expansão ou reorganização, e embora não estejam realmente procurando, entrevistarão e contratarão pessoas qualificadas que atraírem sua atenção. Em alguns casos, se uma empresa encontra uma pessoa que realmente a impressiona, pode até mesmo criar ou mudar um cargo existente para atraí-la.

Quando um empregador tem uma vaga particularmente desejável, ele tende a preenchê-la do mesmo modo como

Como fazer sua (próxima) carreira decolar

tentaríamos encontrar um bom dentista, mecânico de automóveis ou advogado — pedindo recomendações a amigos e colegas.

Criando uma rede de contatos capazes de nos recomendar ou direcionar, podemos criar uma fonte que ninguém mais tem. O valor do networking é que seu alcance é ilimitado. Cada pessoa em sua lista é uma fonte de outras para contatar. À medida que sua lista aumenta, também aumentam suas chances de encontrar uma posição por meio desse inestimável recurso. Frequentemente, o networking descobre uma vaga da qual, de outro modo, você nunca teria ouvido falar.

Desenvolvendo sua rede de contatos

Há várias fontes para desenvolver sua rede de contatos. Se deseja limitar sua busca a um mercado específico, você pode escolher concentrar-se no ramo em que está interessado. Se deseja permanecer ou posicionar-se em um determinado local, deve desenvolver uma rede nessa área. Se você for mais flexível, terá escolhas mais amplas.

Algumas fontes a explorar são:

Amigos. Muitos de seus amigos e conhecidos têm contatos que podem ser úteis em sua busca, mesmo que não estejam ligados ao ramo em que você está interessado. Por exemplo, seu dentista ou médico pode ter pacientes na área em que você está procurando emprego que seriam valiosos em sua rede.

Buscando um novo emprego — Fontes de trabalho

Parceiros de negócios. Ao longo dos anos, você conheceu homens e mulheres em suas atividades profissionais. Isso inclui representantes de vendas com contatos em muitas empresas que podem ter vagas em sua área, concorrentes, clientes, fornecedores, técnicos de manutenção e outros. É claro que se você está empregado não deve pôr em risco seu emprego manifestando o desejo de um novo.

Jornais. Leia a parte de negócios do jornal. Artigos em papel costumar citar nomes de pessoas e empresas que poderiam ser ou fornecer fontes de emprego.

Jornais de negócios. Jornais de comércio e boletins informativos em sua área de interesse são excelentes fontes de nomes e informações de contato de possíveis empregadores.

Associações profissionais e comerciais. Se você é membro de associações pertinentes, pode basear sua lista de contatos na lista de membros da associação.

Associações de ex-alunos. Ex-colegas de faculdade frequentemente farão esforços especiais para ajudar você.

Organizações sem fins lucrativos. Grupos comunitários, grupos religiosos, instituições de caridade e outras organizações sem fins lucrativos são bons lugares para ampliar sua rede de contatos.

Como fazer sua (próxima) carreira decolar

Redes sociais. Como já discutimos neste capítulo, Facebook, LinkedIn, Twitter e redes sociais similares se destinam a estabelecer redes de contatos.

> *Todo mundo é um possível contato agora ou futuro, por isso não feche nenhuma porta.*
>
> SUSAN B. JOYCE, COACH CARREIRA

Gerenciando arquivos de rede de contatos

Nunca é cedo ou tarde demais para criar um arquivo de rede de contatos. Muitos jovens focados em suas carreiras começam a fazer isso enquanto ainda estão na universidade. Se você ainda não tiver criado um, faça-o imediatamente. O arquivo de rede de contatos pode ser criado de muitas maneiras. Algumas delas são:

Programas de computador. Há inúmeros programas com os quais você pode tornar seus arquivos de contatos fáceis de acessar.

Se você tem um Mac, pode usar o aplicativo Address Book de seu computador. Como quase todos os contatos são feitos on-line, é mais fácil tê-los em seus arquivos rígidos. Contudo, há outros métodos que funcionam bem e que examinaremos a seguir.

Cartões de visita. Guardar cartões de visita é um método fácil, mas pode ser um pouco difícil de manejá-los. Sempre que possível, arquive-os de maneira sistemática. A vantagem óbvia disso é que o nome, o título ou cargo, o nome da empresa, o

Buscando um novo emprego — Fontes de trabalho

telefone e o e-mail da pessoa são fornecidos de maneira ordenada. No verso do cartão, escreva outros dados pertinentes, como as circunstâncias que o ajudarão a se lembrar da pessoa.

Rolodex ou um sistema similar. Alguns executivos consideram esse tipo de sistema essencial para fazer negócios, e colocam todos os seus contatos comerciais nesses arquivos. Um Rolodex ou arquivo de cartões pode ser desenvolvido para sua rede, junto com o usado em transações de negócios comuns. As informações seriam análogas às recomendadas para o arquivo de cartões de visita, mas poderíamos achar esse método ainda mais conveniente.

Arquivo de referências cruzadas. O principal problema com cartões de visita ou sistemas Rolodex é que eles geralmente são arquivados em ordem alfabética. Isso é bom quando se quer encontrar uma pessoa específica cujo nome se sabe de antemão, mas difícil de usar quando não se tem certeza. Um sistema de fichas de arquivo de referências cruzadas permite classificar seus contatos e localizar as pessoas de acordo com essa classificação. Há vários programas de computador para organizar e classificar suas listas.

Usando sua rede de contatos

Vejamos como a rede de contatos poderia se desenvolver. Jane Ross, a gerente de recursos humanos da Dimple Doll Company, foi convidada a dar uma palestra em uma reunião da FOBs (Family-Owned Businesspersons) — uma organização de ho-

Como fazer sua (próxima) carreira decolar

mens e mulheres jovens que trabalham em empresas familiares ou dominadas por suas famílias. Ela se sentou perto de Scott Rice no almoço que precedeu a palestra.

Scott Rice é o vice-presidente de produção da Fibre-Mold, Inc., uma empresa de moldagem de plástico personalizado. Jane soube que a empresa de Scott era uma grande produtora de invólucros de canetas esferográficas. Imediatamente após a reunião, ela criou uma ficha de arquivo para Scott (assim como para outras pessoas que havia conhecido). A ficha de arquivo de referências cruzadas foi arquivada sob "plásticos" e "donos de empresa", e ficou assim:

Informações básicas
Categoria: Plásticos
Donos de empresa
Nome: Rice, Scott
Título: VP — Mfg.
Empresa: Fiber-Mold, Inc.
Endereço: 24 Dove Place, Farmingdale, NY 11404
Telefone: 631-777-9876
Como conheci: Reunião da FOB, 20 de janeiro de 2011
Comentários: Empresa fabrica invólucros de canetas esferográficas. Fundada pelo pai, que ainda está ativo. Scott deverá ser o presidente quando seu pai se aposentar, daqui a alguns anos. Ele dirige a operação da fábrica. Discutiu problemas de gestão de equipe. Ativo na associação de comércio de plásticos, Câmara de Comércio de Long Island e no Sierra Club local. Casado, 3 filhos. Pescador de alto mar. Gosta de acampar com os filhos.

Buscando um novo emprego — Fontes de trabalho

Quaisquer outros contatos ou mais informações poderão ser acrescentados ao arquivo.

Jane não teve nenhum motivo para telefonar para Scott até um ano depois, quando precisou fazer uma mudança em sua carreira. Ao telefonar para ele, Jane o lembrou do encontro anterior.

Jane: "Scott, sou Jane Rose, da Dimple Dolls. Nós nos conhecemos um ano atrás, em janeiro, quando dei uma palestra sobre técnicas de supervisão para a FOBs."

Scott: "Com certeza eu me lembro de você. Usei várias das suas ideias e deram muito certo."

Jane: "Fico feliz por terem sido úteis para você. Tem pescado ultimamente?"

Scott: "Acabei de voltar de três dias em Montauk Point. Peguei alguns atuns e agulhões. Gentil da sua parte perguntar. O que posso fazer por você?"

Jane: "A Dimple Dolls foi comprada pela Giant Toys. O RH ficará sob a gestão da Giant, e meu cargo foi eliminado. Eu gostaria de me encontrar com você para discutir minhas oportunidades profissionais."

Eles marcaram um encontro para a semana seguinte. Embora Scott não tivesse um emprego para Jane, deu a ela várias sugestões úteis para melhorar o currículo. Jane lhe agradeceu pelo encontro e perguntou: "Você conhece alguém que poderia me ajudar a procurar emprego?" Sempre faça essa pergunta depois de todas as suas entrevistas com contatos. Esse é o modo de expandir sua rede de contatos.

Como fazer sua (próxima) carreira decolar

Scott encaminhou Jane para Bill Vance, dono de uma grande empresa de transporte. Ele disse: "Bill provavelmente não terá um emprego na sua área, mas a empresa dele atende a dúzias de fabricantes nesta área e ele pode conhecer alguém com uma oportunidade para você."

Carta de agradecimento

As pessoas que são boas em networking sempre enviam uma carta de agradecimento a *todos* aqueles com quem conversaram. Se o contato foi feito por telefone e você não entregou um currículo pessoalmente, pode anexar um a sua carta de agradecimento. Uma nota ou carta enviada pelo correio é considerada uma gentileza, mas na maioria das vezes uma carta de agradecimento por e-mail é adequada. Jane escreveu:

Caro Scott,

Obrigada pelo tempo que me dedicou de sua agenda cheia quando nos encontramos na terça-feira. Estou muito grata pelo encaminhamento a Bill Vance. Telefonei para ele e soube que ficaria fora da cidade até a semana que vem. Vou telefonar de novo quando ele voltar.

Fiz as mudanças em meu currículo que você sugeriu. Quaisquer outras ideias que tenha para mim serão sinceramente apreciadas.

Atenciosamente,
Jane R. Ross

Buscando um novo emprego — Fontes de trabalho

Então Jane inseriu no arquivo de Scott as informações a seguir:

06/08/2011: Telefonei pedindo um encontro para discutir oportunidades profissionais.

08/08/2011: Reunião com Scott. Obtive bons conselhos e encaminhamento para Bill Vance, da Vance Truckers.

09/08/2011: Enviei carta de agradecimento.

09/08/2011: Telefonei para Bill Vance, fora da cidade, volta em 16/08.

Networking não se limita a buscas por emprego. Você pode usá-lo para qualquer informação comercial, como indicações quando estiver procurando funcionários, para checar referências e/ou qualquer tipo de situação em que outras pessoas possam dar livremente as informações de que você precisa.

É crucial manter um registro de cada contato. Você pode não telefonar para uma pessoa de sua lista durante meses ou até mesmo anos, mas se entrar em contato depois de um longo período referindo-se à sua última conversa ou até mesmo ao seu primeiro encontro pode derreter o gelo e ajudar a estabelecer uma relação.

Algumas das melhores fontes para seus arquivos de network são pessoas que, pela natureza de seu trabalho, têm muitos contatos. Por exemplo, preste atenção especial a representantes de associações comerciais e profissionais, editores de publicações comerciais, banqueiros em sua comunidade, líderes políticos e afins. Essas pessoas são centros de influência. Marque

Como fazer sua (próxima) carreira decolar

os arquivos delas com uma estrela. Elas deveriam estar entre as primeiras a quem procurar quando você precisar de emprego.

Resumo

- Mudar voluntariamente de emprego é um assunto sério e uma decisão que não deveria ser tomada levianamente.
- Considere a procura por emprego uma campanha de vendas em que o produto que está sendo vendido é sua capacidade de ser valioso para o possível empregador.
- O primeiro passo para procurar emprego é rever todo seu histórico e fazer um inventário de suas realizações. Com isso, você estará apto a redigir seu currículo, discutir seu histórico com pessoas em sua rede e responder a perguntas que provavelmente serão feitas nas entrevistas.

- Ao relacionar a experiência de trabalho em cada emprego, inclua:
- Funções básicas.
- Responsabilidade de gerir pessoas (número, categorias, nível na hierarquia empresarial, coordenar equipes, contratar e demitir etc.).
- Responsabilidade de administrar dinheiro, materiais, métodos ou outras atividades especiais.
- Principais realizações no cargo. Indique resultados em termos de dinheiro economizado, aumento de lucro, tempo poupado, expansão de mercados etc.

Buscando um novo emprego — Fontes de trabalho

- Do que você gostou mais nesse emprego. Por quê?
- Do que você gostou menos nesse emprego. Por quê? (Essa informação é para seus próprios propósitos de reflexão. Não é aconselhável dizer aos outros aspectos negativos sobre seu ex-empregador.)

As fontes que você deve usar podem incluir:

- Sites de emprego.
- Anúncios em jornais e revistas de comércio.
- Agências de emprego.
- Recrutadores de executivos.
- Consultores de emprego.
- Mídias sociais.
- Networking.

Ao criar uma rede de contatos capazes de ajudá-lo, você pode criar uma fonte individualizada. O valor do networking é que seu alcance é ilimitado.

Nunca é cedo ou tarde demais para criar um arquivo de rede de contatos.

Depois de conversar com um contato de sua rede, sempre envie uma mensagem de agradecimento. Isso mostra seu profissionalismo, lhe dá uma chance de recapitular a conversa e uma oportunidade de enviar um currículo para a pessoa, se não lhe entregou um.

CAPÍTULO NOVE

Buscando um novo emprego — O currículo e a entrevista

Os componentes-chave quando procuramos um novo emprego são:

1. O currículo.
2. A entrevista de emprego.

O currículo

O currículo é um dos elementos essenciais na procura por emprego. Em geral, ele é o primeiro contato que você terá com um possível empregador. Se o empregador não ficar impressionado com seu currículo, você provavelmente não terá a chance de conhecê-lo pessoalmente, apresentar suas qualificações e *vender-se*!

Como fazer sua (próxima) carreira decolar

O currículo é uma declaração resumida de sua escolaridade, experiência profissional e formação geral, apresentada a possíveis empregadores. Ele é usado quando se responde a um anúncio de emprego, enviado para agências de emprego e/ou recrutadores ou usado como uma ferramenta de networking.

O currículo é sua peça publicitária. Ele deveria maximizar seus pontos fortes e minimizar suas limitações. A menos que algo nessa folha de papel entusiasme o leitor, aquela importantíssima entrevista nunca ocorrerá.

> *Você tem que acentuar o positivo, eliminar o negativo e se agarrar à afirmativa.*
>
> JOHNY MERCER

Preparando-se para redigir seu currículo

Antes de redigir seu currículo, reveja cuidadosamente todo o seu histórico com ênfase em suas realizações profissionais até agora.

Apenas escrever uma descrição de seu cargo não é suficiente. A maioria de seus competidores tem experiências similares. Você deve enfatizar suas realizações. Isso é o que o faz se destacar das outras pessoas que estão sendo consideradas para a mesma vaga. Seja específico. Eis alguns exemplos:

"Reduzi a rotatividade de meu departamento em 18%."
"Desenvolvi um sistema que duplicou a rapidez das respostas a perguntas de clientes."

Buscando um novo emprego — O currículo e a entrevista

"Assumi uma região de vendas que havia perdido dinheiro durante três anos seguidos e a transformei na maior região de vendas da empresa em um ano."

"Renegociei o seguro-saúde da empresa, poupando US$ 130 mil por ano em prêmios."

Use palavras-chave

Redija o currículo conforme as exigências do cargo que você procura. Se estiver se candidatando a uma vaga específica que foi anunciada, estude o anúncio cuidadosamente. Se for uma vaga para a qual você foi indicado, obtenha o máximo de informações sobre ela com a agência ou pessoa que o indicou. Ajuste seu currículo a essas especificações.

Por exemplo, se uma vaga exigir uma habilidade específica como "computação gráfica", certifique-se de que essas palavras estejam em uma posição proeminente no currículo, mesmo se sua experiência nessa área for mínima.

Como os empregadores frequentemente recebem dúzias ou até mesmo centenas de currículos, eles tendem a passar os olhos em cada um dos currículos procurando essas palavras-chave. Se o currículo for enviado por e-mail ou outro meio eletrônico, o empregador pode apenas digitar as palavras-chave no menu "localizar" — e se seu currículo não as mostrar, você não será considerado.

> *Ajuste o currículo ao emprego específico. Um dos maiores erros é enviar um currículo genérico.*
>
> James P. Nolan, gerente de recursos humanos.

Como fazer sua (próxima) carreira decolar

Os dez erros que você não deve cometer ao redigir seu currículo

Não torne o currículo longo demais. Um currículo não deveria ser uma autobiografia. Enfatize as principais áreas de sua formação que o ajudarão a obter a entrevista. Lembre-se de que o possível empregador tem uma quantidade de tempo limitada. Ele só lerá os currículos objetivos e concisos. A maioria dos currículos não precisa ter mais de uma página; duas páginas são permissíveis para pessoas com vasta experiência profissional. Três é o limite máximo se suas realizações forem realmente significativas.

Não torne o currículo vago demais. Nomes, datas e títulos não bastam. Ofereça informações suficientes sobre seu histórico para dar ao leitor uma boa ideia de por que vale a pena considerá-lo para o cargo. Não presuma que o empregador pedirá mais informações se as quiser. Se outros candidatos ao mesmo cargo fornecerem informações completas, você provavelmente será ignorado. Não deixe de incluir suas realizações importantes.

Não seja negativo. Claro que o histórico de todos tem aspectos positivos e negativos. Contudo, evite ser negativo, ou será percebido como tal. Os tipos de informações a seguir geralmente deveriam *ser omitidas* de um currículo:

a. Dados pessoais como idade, sexo e estado civil (as leis de direitos civis proíbem pedir essas informações).

b. Altura e peso. As pessoas não julgarão você com base em seu tamanho. Ser baixo ou alto, gordo ou magro, não

Buscando um novo emprego — O currículo e a entrevista

deveria ter nenhuma influência em sua capacidade. Claro que isso será notado quando você for entrevistado. Mas então os sentimentos delas sobre sua aparência serão vistos no contexto de sua personalidade geral e sua experiência, e não do que estejam vendo através dos olhos de "estatísticas vitais".

c. Motivos para sair do emprego. Embora um empregador tenha o direito de saber por que você saiu de um emprego, é melhor discutir isso na entrevista. Exceto em casos óbvios, como "a empresa encerrou suas atividades", geralmente há muito mais na história do que apenas umas poucas palavras podem transmitir. De fato, informações de menos podem resultar em uma interpretação negativa. Além disso, tenha em mente que se você disser que deseja mudar de emprego para avançar na carreira, isso pode ser interpretado como incapacidade para avançar em sua posição atual.

d. Informação salarial. Como sua pretensão salarial pode variar com o emprego, local ou outros fatores, é melhor omitir suas expectativas no currículo.

e. Não use uma fotografia. Não importa o quanto possa ser boa, isso dá ao possível empregador a chance de obter uma impressão sua sem vê-lo. Muitas pessoas não conseguem entrevistas em virtude de ideias preconcebidas. Um candidato de ótima aparência não foi entrevistado porque o empregador considerou que ele tinha "cara de bebê".

Não liste referências. A maioria dos entrevistadores pedirá referências se estiver interessado em você. Listá-las em um

Como fazer sua (próxima) carreira decolar

currículo ocupa espaço que poderia ser usado para aspectos mais relevantes de sua formação. Você deveria preparar uma lista de referências para fornecer se alguém a pedir. Uma exceção é quando suas referências são pessoas bem conhecidas e respeitadas em sua área. Nesse caso, incluí-las em seu currículo pode melhorar suas credenciais. Sempre obtenha a permissão da pessoa antes de mencioná-la em seu currículo.

Não especifique o cargo desejado. Se você espera um emprego como engenheiro químico chefe, mas consideraria *outras* posições para as quais poderia igualmente se qualificar, destacar no currículo "engenheiro químico chefe" eliminaria automaticamente essas outras posições.

Não comece o currículo com "Objetivo". Publicitários nos ensinaram que a ênfase deveria ser em "você" e não em "eu". Para vender-se a um empregador, saliente o que você pode fazer por ele, não o que você quer. Em vez de dizer "meu objetivo é encontrar um trabalho interessante e desafiador", diga "ofereço dez anos de experiência progressivamente responsável em desenvolvimento de *software*". Ênfase demais em "mim" frequentemente é considerado o reflexo de um trabalhador imaturo com má ética profissional e igualmente má atitude.

Não se limite a atualizar seu currículo antigo. Quando buscar uma nova posição, reavalie todo o seu histórico e reescreva o currículo de maneira apropriada.

Não exagere ou subestime a escolaridade. Sua formação educacional deveria enfatizar o aspecto mais pertinente para o

Buscando um novo emprego — O currículo e a entrevista

cargo que esteja buscando. Pessoas que concluíram os estudos há relativamente pouco tempo deveriam dar mais espaço para a escolaridade do que as que concluíram muitos anos atrás. Se você concluiu seus estudos há cinco anos ou mais, liste sucintamente apenas sua universidade, seu diploma e credenciais profissionais. Se desde então frequentou cursos ou seminários relacionados com sua área, é uma boa ideia mencionar os mais relevantes.

Não estrague um currículo bem preparado usando um formato inadequado, erros de ortografia, erros gramaticais ou impressão descuidada. Revise, revise e revise. Além disso, peça a outras pessoas que o leiam.

Não deixe de revisar periodicamente todo o currículo. Se parecer que o currículo não está gerando muitas entrevistas, reescreva-o.

Preste muita atenção às qualificações específicas que um empregador exige para uma vaga em particular, e certifique-se de que seu currículo ou sua carta contenham essas exatas palavras.

GUERRY CRISPIN, RECRUTADOR E ESCRITOR

Cartas de candidatura

Há duas abordagens básicas que você pode escolher ao redigir sua carta. Uma é enviar seu currículo com uma breve carta introdutória. Essa é considerada uma abordagem mais conven-

Como fazer sua (próxima) carreira decolar

cional; a maioria dos empregadores esperará os dois itens. Outra abordagem é escrever uma carta mais detalhada, que seria enviada no lugar do currículo. Embora esse estilo de candidatura não seja tão comum, vale a pena discuti-lo como uma alternativa em algumas circunstâncias. Qualquer um desses tipos de carta pode ser enviado como uma cópia impressa ou por e-mail.

Cartas de apresentação

Uma carta introdutória, ou carta de apresentação, poderia ser enviada com um currículo na situação a seguir: William Marshall é o gerente de compras da Skinner Steel Fabricators em Willets, Ohio. Charles Graham, um membro de sua rede de contatos, sugeriu que ele enviasse seu currículo para Susan Randall, a vice-presidente executiva da Standard Tools, Inc. Depois de aprender o máximo que pôde sobre o trabalho e a empresa com o Sr. Graham e estudar o *website* da empresa, eis a carta de apresentação que acompanhou o currículo de William:

Prezada Sra. Randall,

Charles Graham sugeriu que eu entrasse em contato com a senhora sobre uma posição em seu Departamento de Compras.

Como sabe, a Skinner Steel Fabricators, meu atual empregador, está se fundindo com a Midwest Metals, e todas as compras serão centralizadas na Midwest. Minha experiência, conforme mostrado no currículo anexo, descreve minhas realizações

Buscando um novo emprego — O currículo e a entrevista

na compra de aço e outras matérias-primas similares às usadas pela Standard Tools. Essa experiência me tornará valioso para sua equipe de compras.

Posso ter a oportunidade de discutir isso com a senhora? Entrarei em contato na semana que vem para ver se poderíamos marcar uma reunião.

Atenciosamente,
William Marshall
Enc.: currículo

Observe que Marshall disse imediatamente quem o havia encaminhado. Então, salientou por que a empresa poderia ter interesse nele e pediu diretamente uma entrevista.

Ele *não* repassou toda a sua história profissional na carta — estava contida no currículo anexo. Ao enviar uma carta dessas, seja breve e direto. Não há necessidade de repetir todo o currículo nessa correspondência. No entanto, saliente *alguma característica especial* que possa ser do interesse dessa empresa ("minhas realizações na compra de aço e outras matérias-primas similares às usadas pela Standard Tools"). Termine a carta solicitando uma entrevista e faça um acompanhamento por telefone. Isso pode consumir tempo, mas se você puder falar com a pessoa, suas chances de sucesso aumentarão consideravelmente.

Cartas detalhadas

Algumas pessoas preferem escrever uma carta pessoal descrevendo suas qualificações a usar um currículo. Essas cartas po-

Como fazer sua (próxima) carreira decolar

dem ser enviadas para uma pessoa a quem você tenha sido encaminhado ou, se não tiver um encaminhamento, para um executivo em uma empresa que possa precisar de alguém com sua experiência.

A quem essas cartas deveriam ser dirigidas? Para um cargo executivo, escreva ao presidente ou diretor executivo da empresa; para um cargo de vendas, ao gerente de marketing; para um cargo de contador, ao diretor financeiro, e assim por diante.

Você pode gerar cartas personalizadas em seu computador para cada empresa em sua lista. Eis um exemplo de uma dessas cartas. Note a referência ao nome da empresa.

Charles Hawkins
42 Brewster Lane
Greenville, NY 12020

Sr. Andrew Carter
Blizzard Manufacturing Company
34 Jay Street
Schenectady, NY 12310

Prezado Sr. Carter,

Há um lugar na administração da Blizzard para um executivo de negócios completo com grande experiência em todas as fases de marketing, produção, relações com funcionários e finanças?

Tendo subido no *ranking* de vendas até me tornar vice-presidente de vendas de um grande fabricante de bens duráveis, fui promovido a vice-presidente de operações e eleito para o conselho de diretores. Nessa posição, reorganizei toda a divisão

Buscando um novo emprego — O currículo e a entrevista

ao longo de linhas administrativas modernas, o que resultou em um aumento expressivo na produção com uma redução de custos administrativos.

Minhas realizações incluem:

Conversão de controles de produção manuais para um programa baseado em computador;

Estabelecimento de controles de estoque viáveis;

Negociação de contratos de trabalho que proporcionaram à empresa vantagens significativas em relação ao contrato anterior;

Direção das atividades de vendas nacionais;

Contratação e treinamento de vendedores, supervisores e pessoal técnico;

Desenvolvimento de análise de mercado e programa preditivo;

Coordenação de marketing, propaganda e merchandising de produtos por meio de canais de atacado, varejo e FEO (fabricante de equipamento original).

Com mais de vinte anos de realizações bem-sucedidas, eu deveria ser um valioso acréscimo à equipe administrativa da Blizzard. Posso lhe fornecer detalhes adicionais ou marcar uma entrevista quando lhe for conveniente?

Atenciosamente,
Charles Hawkins

Alguns candidatos enviam centenas desses tipos de cartas para empresas em sua área ou indústria. Não costuma valer a pena enviar cartas aleatoriamente para uma lista de organizações (por exemplo, as Fortune 500). Em geral, as empresas gigantes recebem tantas cartas não solicitadas que, na maioria das vezes, as ignoram. Por outro lado, enviar cartas como a do

Como fazer sua (próxima) carreira decolar

Sr. Hawkins para uma lista de empresas em um ramo-alvo tende a produzir algumas boas respostas. Porém, como regra geral, não espere ótimos resultados de qualquer tipo de campanha de e-mail não solicitada. Se obtiver duas ou três entrevistas em cada cem cartas enviadas, pode dar-se por satisfeito. Portanto, não desanime com uma baixa taxa de resposta. Mas também não menospreze esse meio!

Em geral, não vale a pena perder tempo enviando cartas de acompanhamento para empresas com quem se entra em contato por mala direta. Se a primeira carta não produziu uma resposta desejável, uma segunda geralmente não produzirá um resultado melhor. Contudo, pode-se ir em frente e fazer outra tentativa com aquelas poucas empresas em sua lista pelas quais você tem um interesse particular.

Nesse caso, telefone para a pessoa para quem você enviou a carta original (cerca de uma semana ou dez dias depois de quando deveria tê-la recebido). Peça-lhe uma entrevista, sem parecer desesperado ou insistente demais. Novamente, as chances de ela querer entrevistá-lo são pequenas se ainda não lhe deu notícias.

Seu currículo e/ou carta só pode abrir a porta para você. Ao escrever qualquer um deles, tenha em mente que são suas peças de promoção de vendas, e deveriam motivar o possível empregador a convidá-lo para uma entrevista.

Entrevista

A entrevista de emprego é a fase principal do processo de seleção. É nesse ponto que você obtém sua real oportunidade de

Buscando um novo emprego — O currículo e a entrevista

apresentar-se para o possível empregador. Se você não causar uma boa impressão na primeira entrevista, provavelmente não terá outra chance.

A maioria das decisões de contratação é tomada após diversas entrevistas. Um membro do departamento de recursos humanos pode conduzir a primeira entrevista para objetivos de triagem. Contudo, as seguintes costumam ser conduzidas por pessoas para quem o candidato irá trabalhar. Você pode ser entrevistado por uma ou mais pessoas antes de finalmente encontrar-se com o tomador de decisões. Quase sempre, é para essa pessoa que você se reportará, geralmente o gerente do departamento em que irá trabalhar. Tenha em mente que ao longo do caminho todas as entrevistas são importantes, porque se você não causar uma boa impressão em cada uma delas, o processo será interrompido, e você nunca chegará ao tomador de decisões. Muitos candidatos se deram mal porque estavam guardando seus melhores pontos para a entrevista com o tomador de decisões, e não conseguiram vender-se para cada entrevistador ao longo do caminho. Subestimando a importância dessas entrevistas preliminares, eles perderam a chance de se encontrar com o chefe.

> *Nossas chances de obter o emprego que buscamos são consideravelmente aumentadas com uma preparação cuidadosa para cada entrevista.*
>
> ARTHUR R. PELL, CONSULTOR DE RECURSOS HUMANOS E ESCRITOR

Como fazer sua (próxima) carreira decolar

Prepara-se para cada entrevista com o máximo cuidado. A primeira entrevista é tão importante quanto a última, e vice-versa. Presumir que será contratado porque todos até a entrevista final deram a impressão de que você era o vencedor pode ser um erro fatal. Alguns entrevistadores podem sugerir que a reunião com o chefe é apenas uma apresentação de rotina, com o objetivo de fazê-lo endossar sua contratação. Não caia nessa. Uma impressão negativa por parte do gestor de nível mais alto inevitavelmente causará um veto à escolha do gestor de nível mais baixo.

Antes de cada entrevista, repense sua estratégia. Você pode aprender muito com entrevistas anteriores — sobre os tipos de perguntas que provavelmente serão feitas e o que é mais importante para a empresa. Uma análise cuidadosa de entrevistas anteriores pode ajudar na preparação para a próxima entrevista.

Para simplificar nossa discussão geral da entrevista, usaremos como exemplo a entrevista inicial. Você deveria se preparar para as entrevistas subsequentes do mesmo modo como se preparou para a primeira; acrescentando, é claro, o conhecimento adquirido ao longo do caminho sobre a empresa, a posição e as técnicas de entrevista preferidas pelos entrevistadores anteriores.

Nenhuma entrevista jamais deveria ser feita sem que primeiro você aprenda o máximo que puder sobre o que é desejado e esperado. Diante disso, é igualmente importante revisar seu próprio histórico, tendo em conta o que você pode oferecer para que esteja pronto para apresentar seus pontos fortes de maneira positiva, relevante e convincente durante suas entrevistas.

Buscando um novo emprego — O currículo e a entrevista

Os objetivos do empregador

Na maioria das vezes, o entrevistador leu seu currículo, sua carta de apresentação ou ambos, e já sabe o básico sobre sua experiência profissional e escolaridade. Nesse caso, o entrevistador será usado para amplificar os breves dados que a maioria dos currículos e cartas de apresentação fornece. Durante a entrevista, serão pedidas informações adicionais sobre suas obrigações e responsabilidades. Às vezes o entrevistador não teve tempo para rever cuidadosamente seu currículo, e é bom estar preparado com uma breve visão geral de sua escolaridade e experiência (particularmente a relacionada com a posição a que esteja se candidatando, é claro.)

Além de tentar saber o máximo possível sobre sua experiência profissional, o entrevistador estará interessado em avaliar suas características pessoais. Entre as áreas que serão avaliadas estão suas atitudes em relação ao trabalho, seus ex-patrões, seus superiores diretos e seus subordinados. O entrevistador tentará identificar suas motivações interiores, seus objetivos a curto e longo prazo e o que você fez até agora para alcançá-los. Também estará interessado em como você lida com problemas especiais no trabalho e que resultados obteve resolvendo situações difíceis.

Cada posição exige qualificações especiais que podem ser exploradas na entrevista. Pode ser pedido que você avalie sua criatividade, seus recursos, sua capacidade de vender ideias, como você se *relaciona com os outros*, seus pontos fortes e fracos e seu potencial para crescimento profissional. O entrevistador não só ouvirá o que você disser como também avaliará o modo

Como fazer sua (próxima) carreira decolar

como o disser, o que você não disse e todas as pistas de linguagem não verbal que projetar. Em resumo, o entrevistador desejará aprender o máximo possível sobre seu histórico, suas características pessoais e seu eu interior durante a breve duração da entrevista.

Seus objetivos

Quando for a uma entrevista de emprego, você deve não só ficar atento aos objetivos do empregador como também ter em mente seu próprio conjunto de objetivos — o que você quer que resulte da entrevista antes de participar de cada uma dessas entrevista. Seu principal objetivo é ser contratado. Para facilitar isso, seu objetivo secundário deve ser causar uma boa impressão no entrevistador. Lembre-se do velho ditado de que a primeira impressão é a que fica. Além disso, esteja consciente de que desde o momento em que entrar na sala tudo em você estará sendo avaliado e registrado na mente do entrevistador. As impressões dele podem incluir tudo, de suas roupas, seu sorriso e sua postura ao que você diz. Em outras palavras, "tudo que fizer ou disser poderá ser usado contra você"!

O próximo objetivo secundário é destacar os pontos fortes em cada uma das fases da experiência que é discutida. Sempre minimize seus pontos fracos. Para fazer isso eficazmente, você tem de ser tão realista e consciente de suas limitações quanto de seus pontos fortes. Se alguma dessas limitações for mencionada, esteja preparado para indicar como planeja melhorar nessa área.

Buscando um novo emprego — O currículo e a entrevista

O mais importante dos objetivos secundários é permanecer consciente de que provavelmente há vários outros concorrentes ao cargo. Embora você não saiba quem eles são e o que oferecem, deve ser capaz de apresentar seu histórico tão bem que será considerado o candidato mais forte e melhor de todos para o cargo.

Há dois outros objetivos relacionados que você deveria ter em mente quando for entrevistado. Um deles é certificar-se de que essa é a empresa certa e a posição certa para você. (Até mesmo a empresa errada na posição certa ou a posição certa na empresa errada pode ter consequências devastadoras.) O outro objetivo-chave é preparar o terreno para negociar o melhor contrato de emprego possível, se for feita uma proposta.

Com todos esses objetivos claros em mente, e seu conhecimento dos objetivos da empresa, você está pronto para planejar sua estratégia para a entrevista. Mais uma vez: nunca vá a uma entrevista de emprego sem cuidadosa preparação. Como já discutimos neste capítulo, obtenha o máximo de informações que puder sobre a empresa. Então, revise seu histórico. Muitos entrevistados bem-sucedidos dizem que fizeram uma lista dos principais aspectos de suas histórias profissionais com especial ênfase em suas realizações, e releram essa lista antes de todas as entrevistas.

Treino é a melhor aposta. Se possível, ensaie suas entrevistas com um amigo ou conselheiro de carreira. Quanto mais realismo ao ensaiá-las, mais tenderá a aprender como lidar com as táticas mais sutis usadas por entrevistadores em entrevistas da vida real. Outro modo de se preparar para entrevistas para cargos que você realmente deseja é aceitar entrevistas com

Como fazer sua (próxima) carreira decolar

qualquer um que queira entrevistá-lo, mesmo se não estiver particularmente interessado na oportunidade. Os encontros da vida real aprimoram suas habilidades nas entrevistas, aumentam sua autoconfiança e o tornam mais bem-sucedidos em entrevistas que realmente são importantes.

Planejando e se preparando para a entrevista

1. Faça seu dever de casa. Pesquise a indústria, a empresa e os indivíduos que o entrevistarão.
2. Saiba a posição da empresa no ramo.
3. Prepare uma resposta sucinta para perguntas comuns, difíceis e desafiadoras na entrevista. Algumas serão apresentadas mais tarde neste capítulo.
4. Esteja preparado tanto para uma entrevista individual quanto para uma em grupo.
5. Reúna exemplos específicos e provas do conhecimento, das habilidades e das atitudes positivas que você possui.
6. Prepare perguntas para o entrevistador que demonstrem seu conhecimento e desejo de trabalhar para a empresa.

Pratique com alguém em quem confie para obter feedback honesto.

> *Quando lhe perguntarem se você pode fazer um trabalho, diga que sim, e depois trate de aprender como fazê-lo.*
>
> THEODORE ROOSEVELT

Buscando um novo emprego — O currículo e a entrevista

Perguntas comuns em entrevistas

Eis exemplos de perguntas frequentemente feitas em entrevistas. Observe que todas exigem respostas discursivas; elas não podem ser respondidas com apenas uma palavra.

1. Como você se descreveria?
2. Por que saiu de seu último emprego?
3. O que o fez escolher essa linha de trabalho?
4. Quais são seus objetivos a curto e longo prazo?
5. Que tipos de reconhecimento e recompensas são importantes para você?
6. Que objetivos específicos você estabeleceu, além dos relacionados com sua ocupação?
7. O que você se vê fazendo daqui a cinco anos?
8. Quanto você espera estar ganhando daqui a cinco anos?
9. Você pode explicar essa lacuna em seu histórico profissional?
10. O que você pensa sobre trabalhar sozinho *versus* trabalhar em equipe?
11. Como você trabalha sob pressão?
12. Como você avaliaria sua capacidade de lidar com conflitos?
13. Você já teve problemas com um supervisor? Como resolveu esse problema?
14. Quais você considera que sejam seus pontos mais fortes e fracos?
15. Como um bom amigo o descreveria?
16. Descreva o melhor trabalho que você já teve.

Como fazer sua (próxima) carreira decolar

17. Descreva o melhor supervisor que você já teve.
18. O que seu último chefe diria sobre seu desempenho profissional?
19. Por que eu deveria contratá-lo?
20. O que você acha que é preciso para ser bem-sucedido em uma empresa como a nossa?
21. De que modos você acha que pode contribuir para nossa empresa?
22. O que você gosta de fazer em seu tempo livre?
23. Que qualidades um gestor bem-sucedido deveria ter?
24. Pode me descrever o relacionamento que deveria existir entre o supervisor e os subordinados?
25. Que realizações lhe deram mais satisfação? Por quê?
26. O que você pode me dizer sobre nossa empresa?
27. Que interesses você tem em nossos serviços ou produtos?
28. O que você pode me dizer sobre nossos concorrentes?

> *Em uma entrevista de emprego, você pode estar competindo com nove candidatos. Esteja pronto para afirmar seu objetivo mais claramente do que seus nove rivais. Saiba seu objetivo ou será vencido pelos competidores que sabem os deles.*
>
> ALAN FOX, SOCIÓLOGO

Antecipe perguntas difíceis

De vez em quando podem lhe fazer uma pergunta particularmente difícil, como uma explicação sobre um emprego no qual

Buscando um novo emprego — O currículo e a entrevista

você tenha por pouco tempo, ou uma solução criativa para um problema hipotético. Se lhe fizerem esse tipo de pergunta, simplesmente responda da melhor maneira que puder sem ficar nervoso. As dicas a seguir se aplicam quando lhe fizerem uma pergunta difícil:

- Mostre interesse genuíno e desejo de entender a pergunta ouvindo cuidadosamente e, se preciso, pedindo esclarecimento.
- Aceite de bom grado o desafio. Agradeça ao entrevistador e elogie a pergunta.
- Não leve a pergunta para o lado pessoal ou fique na defensiva. Lembre-se de que cada pergunta indica interesse;
- Permaneça calmo, controle suas emoções e respire.
- Sorria, mantenha contato visual e use gestos confiantes;
- Torne as coisas leves usando leveza apropriada.
- Preste atenção a palavras-chave e reaja a elas usando-as em sua resposta.
- Relate um incidente ou uma história que tenha um resultado positivo.
- Quando possível, inclua um exemplo específico de uma realização relacionada com o assunto que está sendo discutido.

O que fazer e não fazer em entrevistas

Os profissionais de recursos humanos têm relatado algumas das atitudes que candidatos fazem que os mantêm na disputa ou os eliminam. Entre elas, estão:

Como fazer sua (próxima) carreira decolar

O que fazer:

1. Chegar na hora ou apropriadamente cedo.
2. Desligar o celular e outros aparelhos eletrônicos.
3. Vestir-se profissionalmente.
4. Estabelecer um vínculo com o entrevistador demonstrando sincero interesse por algo em seu escritório.
5. Manter contato visual e usar linguagem corporal apropriada ao falar com o entrevistador.
6. Ser um bom ouvinte e prestar atenção a pistas não verbais.
7. Mostrar entusiasmo e energia positiva.
8. Falar amavelmente dos outros.
9. Dizer "nós" e presumir que tem o emprego.
10. Ser claro e conciso ao responder perguntas.
11. Fornecer evidências e exemplos específicos que sustentem suas afirmativas.
12. Fornecer apenas referências atuais e sólidas que possam confirmar suas qualificações.
13. Fazer apenas perguntas pertinentes e bem pensadas, como:

Há algo que eu possa fazer entre agora e o início do trabalho para ajudar na transição?

O trabalho apresenta algum desafio para o qual eu possa me preparar previamente?

Há materiais que eu possa rever ou leitura sugerida para me familiarizar com a empresa, as pessoas ou a cultura?

Você tem alguma reserva ou preocupações em relação a mim ou às minhas qualificações que nós possamos discutir agora?

Qual é o próximo passo?

Quando posso esperar uma decisão?

Buscando um novo emprego — O currículo e a entrevista

O que não fazer:

1. Chegar atrasado.

2. Deixar o celular ou outros aparelhos eletrônicos ligados, ainda que no modo silencioso.

3. Aparecer desgrenhado ou malvestido.

4. Ser assertivo, agressivo ou intrusivo demais.

5. Parecer preocupado, relaxado demais ou desconfortável fazendo contato visual.

6. Pensar no que quer dizer enquanto o entrevistador está falando. Em vez disso, concentre-se no que o entrevistador está perguntando ou dizendo.

7. Demonstrar falta de energia.

8. Falar negativamente de ex-empregadores, colegas ou experiências.

9. Menosprezar-se ou demonstrar falta de autoconfiança.

10. Parecer mais interessado em salário, benefícios ou férias do que no trabalho.

11. Ser vago ou fazer afirmações vazias sobre suas qualificações, divagar ou parecer inseguro sobre o que está dizendo.

12. Preocupar-se com parecer nervoso. Um pouco de nervosismo é natural e mostra que você se importa e quer causar boa impressão.

13. Fornecer nomes desatualizados ou irrelevantes como referências.

14. Deixar assuntos não resolvidos.

Como fazer sua (próxima) carreira decolar

Acompanhando a entrevista

Quando sair da entrevista, certifique-se de que será lembrado e de que tenha causado uma boa impressão. Para isso:

1. Escreva uma nota de agradecimento para todos que o entrevistaram. Peque pelo rigor. Duas ou três frases dizendo à pessoa que apreciou encontrá-la e espera trabalhar com ela são apropriadas.
2. Seja escrita à mão ou enviada por e-mail, faça para cada pessoa uma nota de agradecimento um pouco diferente.
3. Se alguém da equipe administrativa foi particularmente útil, considere mencionar isso na nota de agradecimento.
4. Se você não obtiver uma resposta no prazo prometido, um telefonema é apropriado para checar o status da posição.
5. Ao deixar uma mensagem telefônica, seja breve e diga seu nome e número de telefone no início e fim da mensagem, respectivamente.
6. Se os entrevistadores ainda estiverem na etapa de tomada de decisão, considere oferecer algo incomum ou único, como sair um dia em campo com um dos funcionários deles, passar um dia no escritório ou lhes fornecer um plano de ação sobre um assunto discutido na entrevista.
7. Deixe suas referências saberem que você deu o nome delas e lhes diga para qual cargo se candidatou.

Buscando um novo emprego — O currículo e a entrevista

Seja aberto a feedback

Talvez o aspecto mais desafiador de administrar sua imagem exterior seja a dificuldade em ver-se como os outros o veem. Pesquisas indicam que provavelmente somos mais críticos em relação a nós do que os outros são. Ao mesmo tempo, você pode não ter consciência de comportamentos negativos que precisam ser corrigidos.

Alguns modos de obter uma visão correta de sua imagem exterior incluem:

Ver e ouvir a si mesmo em gravações e vídeos

Olhar objetivamente para o espelho. Você está bem barbeado e com aparência impecável? Suas roupas estão amassadas ou com mau caimento?

Pedir opiniões honestas a amigos confiáveis.

Monitorar as reações dos outros a você.

Amigos, particularmente aqueles em busca de trabalho, fornecem uma oportunidade inestimável de pedir feedback. E você representa a mesma fonte para cada um deles.

Ponha-se no papel de treinador e mentor. Torne-se mais consciente das impressões que tem dos outros e tente isolar as pistas que criam essas impressões. Depois, pratique partilhar suas observações de um modo diplomático, respeitoso e construtivo.

Como fazer sua (próxima) carreira decolar

Resumo

- Antes de redigir seu currículo, revise cuidadosamente todo seu histórico com ênfase em suas realizações profissionais até agora.

- As dez coisas que você não deve fazer ao redigir seu currículo:
1. Não torne o currículo longo demais.
2. Não torne o currículo vago demais.
3. Não seja negativo.
4. Não liste referências.
5. Não especifique o cargo desejado.
6. Não comece o currículo com "Objetivo".
7. Não se limite a atualizar seu currículo antigo.
8. Não exagere ou subestime sua escolaridade.
9. Não estrague um currículo bem-preparado com um formato inadequado, erros de ortografia, erros gramaticais ou impressão descuidada.
10. Não deixe de rever periodicamente todo o currículo.

- Tenha em mente que seu currículo e/ou sua carta são suas peças de promoção de vendas, e deveriam motivar o possível empregador a convidar você para uma entrevista.

- A entrevista de emprego é a fase principal do processo de seleção. É nesse ponto que se obtém a real oportunidade de apresentar-se para o possível empregador. Se você não

Buscando um novo emprego — O currículo e a entrevista

causar uma boa impressão na primeira entrevista, provavelmente não terá outra chance.

- Nunca vá a uma entrevista sem antes aprender o máximo que puder sobre o que é desejado e esperado pelo empregador. Revise seu próprio histórico tendo em conta o que você pode oferecer para estar pronto a apresentar seus pontos fortes de um modo positivo, relevante e convincente.

- Se possível, ensaie suas entrevistas com um amigo ou conselheiro de carreira. Obtenha feedback sobre suas habilidades de entrevista de gravações ou vídeos de seus ensaios, e de comentários de colegas.

- Prepare-se para cada entrevista com o máximo cuidado. A primeira entrevista é tão importante quanto a última, e vice-versa.

- Antes de cada entrevista, repense sua estratégia. Você pode aprender muito com entrevistas anteriores — sobre os tipos de perguntas que provavelmente serão feitas e o que é mais importante para a empresa.

- Antes de cada entrevista, reveja as perguntas mais comuns realizadas e o que fazer e não fazer em entrevistas, conforme apresentado neste capítulo.

- Envie uma carta de acompanhamento após cada entrevista, agradecendo e fazendo um breve comentário para enfatizar um ou dois de seus pontos fortes.

CAPÍTULO DEZ

Mudando de carreira no meio do caminho

O que você gosta de fazer? Se não gosta do seu trabalho,
deixe-o porque não o fará bem-feito. Você não tem de
ficar em um emprego pelo resto da sua vida, porque se
não gosta dele nunca será bem-sucedido nele.

LEE IACOCCA, EX-PRESIDENTE, CHRYSLER CORPORATION

Se não puder atingir seus objetivos de carreira em sua profissão atual, você pode achar aconselhável mudar de profissão. A história está cheia de pessoas que se deram bem em suas segundas carreiras. Gauguin era um bancário antes descobrir sua carreira de pintor. Benjamin Franklin começou sua vida profissional como tipógrafo. Dale Carnegie era um vendedor e ator antes de se tornar um professor e escritor.

É claro que a maioria das mudanças de carreira não é tão dramática quanto a de pessoas famosas. Um engenheiro se torna fotógrafo; um professor volta para a faculdade e estuda

Como fazer sua (próxima) carreira decolar

medicina; um vendedor se torna redator publicitário ou um varejista inicia uma nova carreira como clérigo.

Há muitos motivos pelos quais as pessoas desejam mudar de ocupação ou profissão após passar muitos anos de estudo e experiência desenvolvendo suas habilidades em suas áreas originais.

Impasses. Por causa de mau planejamento ou má sorte, uma pessoa pode chegar a um ponto em seu desenvolvimento profissional em que não há nenhuma oportunidade de progredir. Um vendedor pode ser o melhor da equipe, mas não se tornar supervisor; uma enfermeira pode descobrir que não tem formação e nem inclinação para ir além de certo nível. Se você não puder progredir em sua carreira e não se contentar em permanecer no nível que é capaz de atingir, pode considerar seriamente uma mudança total.

Mudanças de condições levam a avanço profissional. Quando escolheu entrar em sua área, pode ter baseado seu plano de carreira em condições então existentes naquela indústria. Em virtude de mudanças de condições, você pode não estar mais satisfeito com essa escolha. Indústrias se tornam obsoletas ou rebaixadas por causa de avanços tecnológicos ou outros motivos. Profissões importantes uma década atrás são menos importantes dez anos depois.

Recessão industrial. Às vezes há períodos temporários ou até mesmo longos de recessão em uma determinada indústria. Quando a Guerra Fria terminou com o fim da União Sovié-

Mudando de carreira no meio do caminho

tica, o governo dos Estados Unidos deixou de dar ênfase ao programa aeroespacial e, ao mesmo tempo, cortou os gastos com a defesa. As profissões que dependiam dessas indústrias foram bastante atingidas pela recessão. Engenheiros, físicos e outros cientistas, assim como pessoal administrativo nessas áreas, não conseguiam encontrar empregos relacionados com sua experiência. Muitos deles precisaram mudar de carreira. Mais recentemente, a desaceleração dos mercados de imóveis residenciais e comerciais resultou em desemprego ou subemprego de muitas pessoas — carpinteiros, arquitetos, corretores de imóveis e decoradores sentiram o impacto em sua vida profissional. Muitas dessas pessoas foram forçadas a criar novas carreiras para si próprias.

Motivos pessoais. As pessoas costumam mudar de carreira porque estão infelizes ou entediadas em suas áreas atuais. Alguns psicólogos têm dito que para termos uma vida mais estimulante e gratificante deveríamos mudar duas ou três vezes de carreira em nossa vida. Contudo, isso não é viável para a maioria das pessoas. Uma insatisfação temporária com nosso trabalho não é motivo para mudarmos de carreira. Como já foi dito neste livro, decisões importantes como a de mudar de emprego ou carreira não deveriam ser tomadas levianamente. Não é incomum uma pessoa ficar entediada com um trabalho que ela faz dia após dia, ano após ano. A maioria dos trabalhos envolve algum grau de monotonia. O desafio de uma nova carreira excita algumas pessoas, mas apenas isso não é motivo suficiente para mudar de carreira. A melhor solução pode ser buscar mais desafios em sua empresa atual ou mudar de trabalho em sua própria área. (Frequentemente, a grama na profissão de outra pessoa só parece mais verde de longe.) Cada área tem seus aspectos tediosos, e você poderia ficar igualmente infeliz se mudasse.

> *Amar o que você faz e sentir que é importante — o que pode ser mais divertido?*
>
> Katharine Graham, editora

Escolhendo sua próxima carreira

Mudar de carreira nunca é uma tarefa fácil. Quanto mais velhos se fica, mais anos se tem na profissão atual e provavelmente mais alto é o salário. Só esse fator pode tornar a mudança para outra área pouco atraente. Contudo, quando se toma a decisão, é preciso estar preparado para anos de trabalho duro, talvez anos de reeducação e estudo, sacrifícios em termos de dinheiro, tempo e esforço, e muitos desapontamentos ao longo do caminho para o novo objetivo. Ajuda profissional está disponível para pessoas que desejam orientação vocacional. A maioria delas pensa que orientação vocacional se limita a estudantes no início do planejamento de suas carreiras. Na verdade, a orientação vocacional pode ser valiosa para pessoas de qualquer idade em busca desse tipo de ajuda.

Os conselheiros de carreira ajudam clientes de várias maneiras. A maioria usa diversos tipos de testes de aptidão, personalidade e interesse para identificar áreas de potencialidade que

Mudando de carreira no meio do caminho

podem não ser óbvias para o indivíduo. Por exemplo, um engenheiro que se concentrou em se preparar para trabalhar em uma disciplina especial pode não ter se conscientizado de que tinha capacidades de comunicação, criatividade ou outras habilidades valiosas em áreas totalmente diferentes. Ao contrário dos testes de candidatura a um emprego, o objetivo desses testes não é desqualificá-lo, mas ajudá-lo a conhecer seu potencial.

Além de aplicar testes, a maioria dos orientadores se aprofunda em seus pensamentos e suas atitudes em relação a vários tipos de trabalho, assim como em suas atividades e seus interesses não relacionados com a carreira. Eles querem saber sobre seus passatempos, suas atividades sociais e cívicas e seus interesses extracurriculares quando você estava na escola, seu histórico ocupacional e os interesses de seus cônjuges, familiares e amigos.

Tudo isso lhes fornece *insights* de facetas de sua personalidade que podem ajudá-los a identificar novas carreiras ou novos modos de orientar sua carreira atual que utilizarão essas descobertas.

Os conselheiros de carreira raramente salientam um tipo específico de trabalho nem sugerem que você deve torná-lo seu objetivo de carreira. Geralmente, eles fornecem um quadro geral das áreas em que você tenderá mais a ser feliz e bem-sucedido. Depois, dão algumas informações específicas sobre os requisitos para entrar nessas áreas e onde você pode obter informações diretas sobre elas.

Burt, um corretor de seguros de 30 anos de idade, relativamente bem-sucedido há oito anos, chegou a um ponto em que não consegue crescer e sente que simplesmente não pode passar mais vinte e cinco anos fazendo esse trabalho.

Como fazer sua (próxima) carreira decolar

Seus testes mostraram um forte talento artístico. Seus passatempos têm sido em áreas criativas (projetar cenários para o teatro local e ser instrutor de artes e artesanato de escoteiros).

O conselheiro de carreira recomendou várias áreas que utilizariam os talentos de Burt. Elas incluíam *design* de interiores e coordenação de moda. Ele o encaminhou para pessoas e organizações nessas áreas para que Burt aprendesse mais sobre o trabalho e a formação adicional que teria de adquirir para se qualificar para essas carreiras.

> *As pessoas que vencem neste mundo são as que procuram as circunstâncias de que precisam, e se não as encontram, elas as criam.*
>
> GEORGE BERNARD SHAW

Orientação vocacional deveria ser obtida de pessoas especialmente treinadas nessa área. Para encontrar um especialista qualificado, primeiro procure nas faculdades e universidades locais. Elas frequentemente têm serviços de orientação vocacional ou sugerem orientadores bem-conceituados. Agências ou associações profissionais fornecem esses serviços em quase todos os países do mundo.

Fazendo a mudança

Há várias abordagens aplicáveis à mudança de carreira. Além das duas que discutiremos imediatamente, você também pode-

Mudando de carreira no meio do caminho

ria iniciar seu próprio negócio, sobre o que falaremos mais tarde neste capítulo.

Escolhendo uma ocupação relacionada

Mudar para uma área parecida com a em que você está é o melhor caminho a seguir. Isso aproveita ao máximo sua formação e experiência passada e as direciona para uma nova fase de trabalho. Um exemplo é Carl, que mudou de carreira passando de engenheiro projetista para engenheiro de vendas. Esse desafio aproveitou toda sua formação e experiência em engenharia, e seus interesses e talentos para lidar com pessoas.

O primeiro passo é analisar sua formação, seja por introspecção ou com a ajuda de um especialista em carreira. Estude áreas que possam ser de seu interesse e identifique os aspectos de sua formação que estejam relacionados com a nova área. Isso o preparará para se vender para uma empresa na nova área. Embora o empregador provavelmente salientará as diferenças entre sua formação e as especificações do trabalho, agora você tem as ferramentas para mostrar como as semelhanças compensam as diferenças. Não subestime os fatores intangíveis que têm um papel tão importante no sucesso profissional: empenho, estabilidade, inteligência, perseverança e afins.

> *Escolha um trabalho que você ame e nunca terá de trabalhar um único dia em sua vida.*
>
> Confúcio

Como fazer sua (próxima) carreira decolar

Mudança total de carreira

Uma mudança total de carreira é muito mais difícil do que mudar para uma área relacionada. Isso pode exigir um longo treinamento ou voltar a estudar. Se você é um químico e quer se tornar um advogado, tem de frequentar a faculdade de direito por pelo menos três anos. Até mesmo mudar de uma disciplina na área química para outra pode exigir meses ou anos de estudo. Outras áreas profissionais têm requisitos educacionais similares. Em alguns casos, as novas ocupações podem ser aprendidas no emprego. Mas isso geralmente envolve ir para um nível inferior ao seu e uma redução de salário. Também pode significar muitos meses de treinamento, embora você esteja empregado.

Ao fazer sua escolha, pese as vantagens de uma mudança de carreira comparadas com as dificuldades da mudança.

> *Sua função é descobrir seu trabalho e depois se dedicar a ele de todo o seu coração.*
>
> BUDA

Tendo ou não aconselhamento profissional, há muito que você mesmo pode fazer para obter informações adequadas antes de tomar a decisão final.

Pesquisa. Há material disponível sobre todos os tipos de carreiras. Leia vários livros sobre a profissão, as pessoas nela, e coisas do gênero. Procure no índice de assuntos em sua biblio-

Mudando de carreira no meio do caminho

teca, escreva para associações profissionais e comerciais e leia revistas de comércio ou jornais profissionais.

Internet. Visite sites de várias empresas na área. Eles lhe fornecerão muitas informações sobre seus produtos ou serviços, tipos de cargos, mercados e outros dados valiosos sobre a indústria. Pesquise artigos on-line e blogs escritos por pessoas envolvidas no tipo de trabalho que o interessa.

Networking. Visitar pessoas em sua área de interesse é até mesmo mais importante do que ler. Comece por amigos ou parentes. Mesmo que não estejam nessa área, eles podem apresentá-lo a pessoas que sejam dela. Além disso, entre em contato com empresas locais onde essas pessoas estão empregadas. Faça todos os esforços para conhecer quem trabalha na profissão que o interessa. A maioria estará disposta a lhe dedicar alguns minutos de seu tempo para esse objetivo. Se não conseguir encontrar ninguém que o ajude, telefone ou escreva para o editor da revista profissional ou de comércio na área pedindo uma entrevista ou encaminhamento para pessoas na profissão.

Podem-se aprender muitas coisas com uma entrevista com pessoas em nossa área que não são encontradas nos livros. Elas podem nos falar sobre problemas do dia a dia e as frustrações, bem como a satisfação, com as condições de trabalho, oportunidades de promoção e recompensas financeiras da profissão. Também podemos descobrir quanto é fácil ou difícil conseguir o primeiro emprego, fazer mudanças de trabalho e coisas desse tipo.

Como fazer sua (próxima) carreira decolar

Se possível, peça uma oportunidade de observar um dia típico de trabalho. Veja como é desempenhar esse papel. Você pode descobrir que muitos dos pontos que o atraíram para essa profissão são de pouca importância e sobrepujados por fatores que não o atraem. É melhor descobrir o lado ruim de uma profissão antes de embarcar nela.

> *O sucesso em sua carreira será diretamente proporcional ao que você criar depois de fazer o que era esperado de você.*
>
> BRIAN TRACEY, ESCRITOR E CONSULTOR MOTIVACIONAL

Exemplos de sucesso na mudança na profissão

As histórias a seguir descrevem os caminhos que algumas pessoas seguiram para mudar de carreira.

Mike H. — de engenheiro a médico

Mike era um engenheiro mecânico que trabalhava como engenheiro de projetos para um importante fabricante de aeronaves. Ele se sentia impedido de crescer e infeliz em seu trabalho. Depois de muita introspecção e estudo, decidiu investigar a medicina e odontologia — embora exigissem anos de estudo adicional. Mike leu tudo o que pôde sobre cada campo e conversou longamente com dentistas e médicos. Visitou faculdades de medicina e odontologia para determinar se ele se qualificaria para admissão e se achavam que um homem com

Mudando de carreira no meio do caminho

sua idade e formação poderia fazer uma transição tão importante. Ele fez os testes de MCAT e DAT (os testes de admissão para a faculdade de medicina e odontologia nos Estado Unidos) e obteve notas muito altas.

O fator-chave para fazer sua escolha foi uma longa conversa com o diretor de um importante hospital. Ele foi capaz de esclarecer muitas de suas dúvidas e aprender os duros fatos de uma vida dedicada a essa profissão.

Mike escolheu medicina. Com 30 anos, reconheceu que tinha de fazer um grande sacrifício de tempo e dinheiro. Ele providenciou o financiamento necessário para pagar o curso e sustentar sua esposa e filhos. Foi admitido sem dificuldade em uma boa faculdade de medicina porque seu diploma de engenharia e sua formação foram considerados uma excelente preparação para o estudo da medicina. Mike concluiu o estágio e a residência com honras. Ele disse que a faculdade de medicina não foi mais difícil do que a de engenharia e, com sua maior maturidade, talvez até mais fácil. Hoje Mike é um anestesiologista bem-sucedido (e feliz). Sua experiência em engenharia lhe permitiu contribuir para a clínica médica com muitas ideias e inovações.

Quando se faz uma grande mudança de carreira, como Mike fez, é preciso olhar não só para o potencial da área, seus interesses e suas aptidões para ela, mas também considerar a preparação adicional que pode exigir e como financiá-la. A maioria das profissões requer formação adequada que custa dinheiro para a faculdade, além da perda ou redução de renda durante o treinamento. Isso também deve ser cuidadosamente planejado e discutido com a família. Ela também deve fazer o

Como fazer sua (próxima) carreira decolar

sacrifício. Somente depois disso podemos tomar essa importante decisão.

> *Não pense em si mesmo como o arquiteto de sua carreira, mas como o escultor. Espere ter de fazer muito trabalho duro de martelar, cinzelar, quebrar e polir.*
>
> B.C. FORBES, EDITOR

Kimberly — de pesquisadora de mercado a professora de matemática

Kimberly era uma analista de pesquisa de mercado que havia chegado ao topo da tabela salarial para sua posição. Para avançar em marketing, ela teria de obter experiência em vendas. Kimberly não tinha nenhum interesse em vendas, mas a ideia de ensinar sempre lhe despertara curiosidade. Ela sabia que havia uma demanda por professores de matemática, e então explorou esse campo.

Depois de obter muitas informações sobre o campo de ensino e o que exigia, Kimberly começou sua análise. Ela usou um sistema simples. Dividiu uma folha de papel em duas colunas. Em uma, relacionou os requisitos; na outra, sua formação. Então, comparou as colunas para determinar o que lhe faltava para se qualificar.

Tabela de Kimberly:
Minha formação
Requisitos do cargo

Mudando de carreira no meio do caminho

Educação: bacharelado. Mestrado em matemática
Bacharelado — Matemática
MBA em marketing
Cursos na área de educação
Licenciatura estadual em ensino
Experiência
Um ano como professora
Análise estatística
Útil: trabalho usando matemática avançada
Redação de relatórios
Treinamento de novos funcionários

Kim percebeu que tinha de voltar a fazer cursos na área de educação. Ela se matriculou em um programa noturno e de fim de semana em uma universidade local, o que a levou a um mestrado em educação. Com a transferência de créditos de seus cursos de MBA em estatística e sua experiência no cargo de pesquisadora de mercado, Kim completou o programa de mestrado em 18 meses. Ela pediu demissão de seu emprego para trabalhar como professora. Passou no exame de certificação e foi imediatamente contratada como professora de matemática em uma escola secundária.

Jim — *de piloto de caças a pastor*

Jim pilotou caças nas duas guerras do Iraque. Foi condecorado por bravura e subiu na hierarquia da Força Aérea até o posto de tenente-coronel. Ele decidiu se reformar após vinte anos de serviço. Jim gostava da Força Aérea e ainda adorava voar, e

Como fazer sua (próxima) carreira decolar

embora pudesse ter aceito várias propostas de companhias aéreas, preferiu fazer uma mudança radical de carreira.

Quando era criança, Jim gostava de ir à igreja regularmente, mas depois da universidade raramente ia aos cultos. Durante a segunda guerra do Iraque, Jim foi forçado a fazer um pouso de emergência. Seu copiloto e atirador foram mortos, mas ele sobreviveu apenas com ferimentos leves. Jim creditou sua sobrevivência a Deus e planejou dedicar sua vida a servi-lo. Quando voltou para casa, foi designado para uma instalação da Força Aérea na área de Nova York. Ele assumiu um papel ativo em uma igreja local e passava grande parte de seu tempo livre trabalhando lá. Por sugestão de seu pastor, começou a estudar para o ministério. Jim fez cursos noturnos em uma universidade na área. Quando se reformou, foi em tempo integral para o Union Theological Seminary. Depois de sua ordenação, foi chamado para uma igreja na Pensilvânia, onde se dedicou totalmente ao trabalho que ama.

Andrew — de policial a agente funerário

Andrew fez duas mudanças de carreira. Depois da escola secundária, tornou-se aprendiz de ferramenteiro, mas logo percebeu que o trabalho na fábrica não era para ele. Sentiu que queria um emprego em que pudesse trabalhar com pessoas, não coisas. Trabalho policial parecia interessante, por isso se matriculou no programa de ciências policiais de uma faculdade comunitária. Depois de obter seu diploma de associado, passou no exame da polícia e foi contratado como policial em sua cidade natal.

Mudando de carreira no meio do caminho

Andrew gostava do trabalho policial, e embora tivesse sido promovido a detetive, sentia que não era assim que queria passar sua vida. Um de seus amigos trabalhava em uma funerária local e Andrew frequentemente a visitava e se tornou interessado nessa área. Ele viu como o agente funerário e sua equipe ajudavam pessoas que estavam passando pelo pior momento de suas vidas a lidar com o luto. Ele concluiu que gostaria de fazer isso. Voltou para a faculdade comunitária e obteve outro diploma de associado, dessa vez em ciências mortuárias. Alguns anos depois, enquanto ainda estava na força policial, Andrew abriu sua própria funerária e a administrou em regime de meio período. Após vinte e um anos na força policial, finalmente ele se aposentou e agora é um agente funerário em tempo integral. Seu entusiasmo com o trabalho o tornou um dos mais respeitados agentes funerários de sua cidade. Além disso, seu filho escolheu segui-lo e agora possui duas funerárias em uma cidade vizinha. E no ano passado, seu neto de 21 anos se juntou a ele no negócio.

Não desista

As pessoas que desejam mudar totalmente o rumo de sua vida profissional podem achar isso extremamente difícil. Às vezes elas nunca conseguem fazer a mudança. Contudo, o motivo do fracasso nem sempre é falta de habilidade ou até mesmo o preconceito contra pessoas sem experiência na área, uma forte e arraigada discriminação que derrota um bom número de pessoas que tentam mudar de carreira. O motivo frequentemente é elas desistirem cedo demais.

Como fazer sua (próxima) carreira decolar

Mudar de carreira exige muito trabalho duro e ampla exposição a possíveis empregadores. Você pode fazer a maior parte disso sozinho do modo mais criativo possível.

Nunca continue em um trabalho do qual você não gosta. Se estiver feliz com o que está fazendo, você gostará de si mesmo e terá paz interior. E se tiver isso, bem como saúde física, terá mais sucesso do que poderia imaginar.

ROGER CARAS, COMENTARISTA DE TV E ESCRITOR

Um negócio próprio

Às vezes, o melhor método para mudar de carreira é abrir o próprio negócio. Talvez você tenha um produto ou uma ideia que queira desenvolver, ou apenas deseje ser seu próprio patrão e administrar uma fábrica, uma loja ou uma empresa de serviços.

Não há nenhum preconceito contra quem muda de carreira dessa maneira. A maioria das portas está aberta e você pode entrar na área de sua escolha — desde que tenha dinheiro para isso.

Negócio significa investimento. Nem pense em ter um negócio próprio se não analisou cuidadosamente o que exige em termos de capital, despesas operacionais e reservas. Também considere que na maioria das vezes pode ser preciso abrir mão de um salário durante muito meses até o negócio decolar.

Negócio também envolve risco. Se você fracassar, não só terá perdido sua renda nesse período como também suas economias e as de seus investidores.

Mudando de carreira no meio do caminho

Por outro lado, as recompensas de gerir o próprio negócio podem ser substanciais: não só ganhar muito dinheiro, como também acumular capital próprio, o que aumenta seu patrimônio. Um bom negócio sempre pode ser vendido com lucro.

Também há muitas recompensas intangíveis, como a satisfação obtida com a tomada das decisões finais e de ser seu próprio patrão. Contudo, precisamos aceitar que as horas de trabalho geralmente são longas; há muito que fazer e problemas com que se preocupar. Mas você determina seu próprio crescimento sem nenhuma necessidade de agradar outra pessoa. Ao escolher em que negócio entrar, certifique-se de que tenha o conhecimento necessário para operá-lo ou que possa obter esse *know-how* rapidamente. A principal causa de fracasso nos negócios, além de falta de capital, é falta de conhecimento.

Você deveria entrar em um negócio sozinho?

Você tem a aptidão pessoal necessária para operar seu negócio com sucesso? Para ajudá-lo a decidir essa importante questão, responda honestamente as perguntas a seguir. Não tente se encaixar no padrão. Talvez tenha de pedir a um amigo íntimo que o avalie no mesmo questionário. Não deixe de identificar seus pontos fracos. Se corrigíveis, faça algo em relação a isso. Se não, talvez não devesse entrar no negócio sozinho.

Assinale com um tique a afirmação sob cada categoria que se encaixa melhor a você:

Como fazer sua (próxima) carreira decolar

Eu sou um empreendedor?

Eu faço coisas sozinho. Ninguém tem de me dizer para começar.

Se alguém me faz começar, eu sigo em frente bem.

Eu vou com calma. Só me preocupo quando é preciso.

Que tipo de pessoa eu sou socialmente?

Gosto de gente. Eu me dou bem com quase todo mundo.

Tenho muitos amigos. Não preciso de ninguém mais.

A maioria das pessoas me irrita.

Sou capaz de liderar os outros?

Faço a maioria das pessoas me seguirem quando começo alguma coisa.

Sou capaz de dar ordens se outra pessoa me disser o que eu deveria fazer.

Deixo outra pessoa fazer as coisas andarem. Então, vou junto se me der vontade.

Sou capaz de assumir responsabilidades?

Gosto de me encarregar das coisas e vê-las concluídas.

Assumo se precisar, mas prefiro deixar outra pessoa assumir.

Sempre há um "Caxias" por perto esperando para mostrar quanto é inteligente. Eu não me importo.

Quão bem eu organizo um projeto?

Gosto de ter um plano antes de começar. Geralmente sou eu quem organiza as coisas quando o grupo quer fazer algo.

Mudando de carreira no meio do caminho

Eu vou bem até as coisas ficarem confusas demais. Então, tiro o corpo fora.

Defino tudo e, então, algo acontece e tudo muda. Simplesmente lido com as coisas conforme se apresentam.

Como funcionário, quanto eu sou dedicado?
Posso continuar enquanto for preciso. Não me importo de trabalhar duro por algo que quero.

Trabalho duro por um tempo, mas quando canso, paro.

Não vejo como trabalhar duro leva você e algum lugar.

Sou capaz de tomar decisões?
Se preciso, posso tomar decisões bem rápido. Geralmente, são boas.

Sim, se tiver tempo suficiente. Se precisar tomar uma decisão rápido, mais tarde acho que devia ter decidido outra coisa.

Eu não gosto de ser quem tem de decidir coisas. Provavelmente elas dariam errado.

As pessoas podem acreditar no que eu digo?
Certamente. Eu não digo coisas insinceras.

Na maior parte do tempo eu tento ser honesto, mas às vezes digo o que é mais fácil.

O que isso importa se a outra pessoa não sabe a diferença?

Posso continuar fazendo algo mesmo quando é difícil?
Se eu me proponho a fazer alguma coisa, não deixo nada me impedir.

Como fazer sua (próxima) carreira decolar

Geralmente, eu termino o que começo — se isso não se tornar confuso.

Se algo não dá certo desde o início, eu me desinteresso.

Quão boa é minha saúde?
Eu nunca adoeço!
Tenho energia suficiente para a maioria das coisas que quero fazer.

Fico sem energia antes de a maioria de meus amigos parecer ficar.

Quantos tiques há ao lado da primeira resposta para cada pergunta?

Quantos há ao lado da segunda resposta para cada pergunta?

Quantos há ao lado da terceira resposta para cada pergunta?

Se a maioria dos tiques estiver ao lado das primeiras respostas, você provavelmente tem o que precisa para gerir um negócio. Se não estiver, tende a ter mais problemas do que conseguiria enfrentar sozinho, e pode ser melhor encontrar um sócio que seja forte nos pontos em que você é fraco. Se há muitos tiques ao lado da terceira resposta, nem mesmo um bom sócio será capaz de ajudá-lo.

> *Começar visando ganhar dinheiro é o maior erro da vida. Faça o que você tem talento para fazer, e se for bom o suficiente nisso, o dinheiro virá.*
>
> GREER GARSON, ATOR

Mudando de carreira no meio do caminho

Escolhendo um negócio no qual entrar

Ao escolher o tipo de negócio no qual entrar, tente usar sua experiência anterior e seus interesses, em vez de entrar em um negócio totalmente desconhecido. Se seu passatempo favorito sempre foi fotografia, uma loja de câmeras, fotografia comercial ou uma área relacionada poderia ser um bom negócio para você. Se em seu emprego anterior você era responsável por recrutar e empregar pessoal, seria lógico abrir uma agência de emprego. Se é um bom mecânico, poderia achar conveniente abrir uma loja de conserto de eletrodomésticos ou aparelhos.

Por outro lado, negócios nos quais você não tem nenhuma experiência ou conhecimento ainda podem ser bem-sucedidos, se você tiver interesse sincero e aptidão, e há recursos disponíveis para aprender os detalhes da operação.

A maioria das pequenas empresas se encaixa em três categorias: produção, comércio e serviços.

Na de produção, nós fazemos e vendemos um produto. O investimento de capital necessário varia com o produto. O tipo do negócio geralmente requer investimento em equipamento e materiais, assim como aluguel de espaço e emprego de pessoal especializado e semiespecializado. Uma empresa de produção geralmente é atraente para pessoas que trabalharam em empresas desse tipo, como engenheiros, gerentes de produção e pessoas com formação em mecânica.

A de comércio pode assumir a forma de operações de atacado e varejo, e envolve vendas. O comerciante atacadista pode ter interesse em investir em inventário de mercadorias, espaço para

Como fazer sua (próxima) carreira decolar

depósito e emprego de pessoal de vendas e almoxarifado. O varejista tem de investir em instalações e vitrines de loja, inventário de mercadorias, aluguel de espaço em uma área de grande movimento e emprego de vendedores. Uma loja de miudezas pode ser aberta em um bairro residencial com uns poucos milhares de dólares, mas uma loja de roupas no centro da cidade custaria dezenas de milhares para começar, e uma loja de descontos ou de departamentos poderia envolver um grande investimento.

Empresas de serviços são as menos caras para abrir. Elas precisam de muito pouco capital e pouco ou nenhum equipamento. Exemplos:

Agência de vendas. Uma agência de vendas não exige que você tenha um estoque ou inventário. Quando um produto é vendido, o fabricante ou atacadista o envia de seu estoque. Esse tipo de oportunidade agrada a vendedores ou pessoas com aptidão para vendas.

Consultoria. Frequentemente, executivos de negócios ou profissionais (engenheiros, contadores, especialistas em recursos humanos e outros) sentem que seriam bem-sucedidos em uma empresa de consultoria em suas especialidades. O investimento de capital é baixo; só é preciso alugar um escritório, comprar mobília, criar um *website*, imprimir material de papelaria e promocional e encontrar modos de anunciar os serviços. É possível entrar no negócio de consultoria com dinheiro apenas o bastante para pagar as primeiras contas mensais. Porém, não é fácil formar uma clientela. O motivo de tantos consultores fracassarem não é incompetência, mas a incapacidade de obter

Mudando de carreira no meio do caminho

novos clientes. A menos que conheçamos muitos possíveis clientes, consultoria é arriscado demais para a maioria das pessoas.

Serviços empresariais. Muitos tipos diferentes de serviços empresariais são necessários. Uma empresa dessa natureza é um modo bom e relativamente barato de ter um negócio próprio. Com base em nossos próprios interesses e talentos, há inúmeros serviços a considerar: *webdesign* e serviços de manutenção, serviços de impressão e cópias, promoções de mala direta, serviços de escrituração e contabilidade para outras pequenas empresas, agências de emprego, serviços de emprego temporário, agências de crédito e cobrança etc. Se conseguirmos descobrir uma necessidade de um serviço, poderemos oferecê-lo.

Serviços ao consumidor. Outros tipos de empresas de serviços atendem ao consumidor. Há uma demanda insaciável por pessoas que façam reparos, ajudem indivíduos em problemas especiais como serviços tributários, manutenção do lar, treinadores de aptidão física, venda e reparo de instrumentos musicais, professores de música, arte, idiomas, assuntos técnicos etc.

A área de negócios que você escolher deveria corresponder a seus interesses e suas aptidões, mas também ser cuidadosamente pesquisada para garantir que seja necessária. Visite possíveis consumidores ou clientes. Determine quão bem o mercado está sendo servido atualmente. Se outros negócios similares estão indo bem, há espaço para mais um? Se seus concorrentes

Como fazer sua (próxima) carreira decolar

não estão sendo bem-sucedidos ou parecem estar cobrindo o mercado, você está planejando oferecer um produto ou serviço melhor para assegurar-se de que será bem-sucedido? Inteire-se de todos os fatos antes de tomar uma decisão.

Você tem os recursos para iniciar sua própria operação? Verifique novamente quanto dinheiro é preciso para começar e crescer até o ponto em que poderá começar a retirar dinheiro do novo negócio. Certifique-se de que é capaz de administrar isso. A menos que não haja nenhuma dúvida sobre sua capacidade de financiar o negócio e as necessidades de sua família até o negócio decolar, nem tente começar.

Começando

Há três modos de começar o próprio negócio: do zero, comprando uma empresa estabelecida ou a participação em uma, ou obtendo uma franquia.

> *Você tem poder sobre sua mente — não sobre eventos externos. Perceba isso e encontrará força.*
>
> Marco Aurélio, imperador romano e filósofo

Começando do zero

Quando se começa o negócio do zero, é preciso usar seu melhor julgamento, recursos e habilidades para desenvolvê-lo.

Mudando de carreira no meio do caminho

Vantagens: uma vantagem de começar o próprio negócio do zero é que os custos podem ser relativamente baixos, porque não há nenhum preço de venda inicial ou taxa de franquia. Como você não faz esses investimentos de capital, tem mais dinheiro para capital de giro ou para comprar equipamento inicial. Você fica com todo o lucro e não há *royalties* ou outras taxas obrigatórias a pagar.

Limitações: quando se começa um novo negócio do zero, geralmente é preciso mais tempo para estabelecê-lo. Clientes tendem a preferir empresas bem conhecidas em detrimento das novas. Para fazer nome em sua área, trabalhe muito mais duro e gaste mais dinheiro em propaganda e promoção de vendas do que se tivesse comprado um negócio estabelecido ou uma franquia famosa. Não importa quanto seus produtos ou serviços sejam bons, dedique tempo a fazer possíveis clientes conhecê--los. Tendemos a fazer tentativas e erros, mas se uma pessoa experiente puder nos ensinar o negócio, podemos evitar cometer erros demais. Via de regra, seu negócio demorará um pouco para conquistar uma fatia do mercado suficiente para seu sustento.

Comprando uma empresa estabelecida

Você pode superar alguns dos problemas de começar do zero comprando uma empresa estabelecida ou a participação em uma.

Vantagens: um aspecto útil da compra de uma empresa estabelecida é que ela já tem clientes e produz renda imediata-

Como fazer sua (próxima) carreira decolar

mente. Se for uma empresa lucrativa, grande parte do trabalho preliminar já foi feito. Você tem clientes, fornecedores, uma linha de crédito e outras coisas que um novo negócio demora muito para ter. Se comprar uma parte de uma empresa (como sócios), você tem acesso a treinamento e orientação do proprietário original.

Limitações: quando se compra uma empresa pronta, pode ser um negócio em atividade, mas estar indo ladeira abaixo. Isso não é necessariamente motivo para não comprá-la, mas um sinal de que deveria investigá-la atentamente. Se o motivo do declínio é um fator que se pode corrigir (por exemplo, com uma administração mais cuidadosa, capital adicional etc.), talvez seja uma boa compra. Mas se o motivo é um produto ruim, má reputação, má localização ou instalações inferiores, talvez seja sensato desistir do negócio.

Não deixe de verificar o histórico de desempenho da empresa. Ela tem vários clientes? Quais são seus custos e lucros? Qual é sua reputação na comunidade? Isso pode ser verificado por meio da câmera de comércio local, ou do Better Business Bureau. Também pode ser verificado conversando com pessoas que usam os produtos ou serviços da empresa.

Consulte seus contadores para que o ajudem a avaliar o valor de venda proposto. Eles podem lhe dar orientações sobre se o preço pedido é razoável e analisar as finanças da empresa para ver como tem operado e se há problemas financeiros ocultos.

Determine que ativos você vai obter. Que tipo de treinamento vai receber? Exceto em circunstâncias incomuns como doença grave ou morte, algum treinamento deveria ser dado como

Mudando de carreira no meio do caminho

parte do negócio. O proprietário atual tem funcionários que permanecerão na empresa? É claro que não se pode garantir que um funcionário ficará depois de uma mudança de dono, mas você deveria discutir isso detalhadamente com o proprietário original e os funcionários. Certifique-se de que tem uma ideia nítida dos equipamentos, das instalações, do estoque e coisas desse tipo que sejam parte do negócio. Assegure-se de que foram avaliados em números razoáveis. Em geral, o patrimônio empresarial é registrado nos livros com preços inflados. Faça seu contador rever esses números. Se há um preço para você pelo *goodwill* da empresa (o excesso do valor de compra de uma empresa sobre seu valor contábil, um ativo intangível), certifique-se de que concorda com esse valor. Acima de tudo, certifique-se de que ficou claro quem será responsável por débitos pendentes e contas a pagar. Há inúmeros detalhes que apenas seu contador ou advogado pode avaliar totalmente. Vale a pena contratar profissionais competentes para ajudá-lo a comprar uma empresa. Esse não é o momento para economizar dinheiro.

Muitos negócios exigem conhecimento especial, e um advogado ou contador especializado pode ser muito mais útil do que um generalista. Por exemplo, se um negócio exige uma licença do governo (por exemplo, uma loja de bebidas ou uma agência de emprego, imobiliária ou seguradora), um advogado familiarizado com o processo de licenciamento pode agilizar consideravelmente a transação e o funcionamento. Se o negócio se baseia em uma patente ou um acordo de licença com o detentor de uma patente, o advogado generalista não será tão útil quanto um especialista em lei de patentes. O mesmo se aplica

Como fazer sua (próxima) carreira decolar

a contadores de quem um conhecimento especial sobre uma indústria pode ser valioso.

Para encontrar esses especialistas, consulte as associações profissionais ou comerciais. Outra fonte é pessoas atualmente na área, seja em empresas concorrentes ou relacionadas. Frequentemente elas estão dispostas a lhe sugerir um advogado ou contador.

Se não houver nenhuma circunstância especial, qualquer advogado ou contador pode ser capaz de ajudá-lo em seu negócio. Não é necessário contratar os serviços de grandes escritórios de advocacia ou contabilidade. Associações de advogados e contadores locais podem sugerir membros confiáveis. O banco em que você tem conta também pode ser uma boa fonte de referências.

Quando você escolher o advogado e o contador, seja tão franco com eles quanto seria com seu médico. Revele todos as suas ideias e seus planos para o novo negócio, se quiser os melhores conselhos.

Contudo, lembre-se de que você é o tomador de decisões. Não espere decisões de negócios desses especialistas — apenas conselhos em suas respectivas áreas de especialização.

Se você estiver comprando uma parte de um negócio e o proprietário atual será seu sócio, você tem a vantagem da tranquilidade da continuação do negócio e disponibilidade de um colega experiente para treiná-lo. Porém, deve estar bem certo de que vocês poderão trabalhar juntos e têm personalidades compatíveis. Uma sociedade comercial é como um casamento. Sua vida pode ser um inferno se vocês não se derem bem.

Mudando de carreira no meio do caminho

É preciso ter certeza de que a pessoa tem uma história de sucesso que você pode ajudar a fortalecer. Se seu novo colega é despreparado, agarrando-se a você e seu apoio financeiro para salvar um negócio precário, entrar em uma sociedade com ele provavelmente não é uma boa ideia.

Em qualquer acordo de parceria (ou compra de cotas participação em uma empresa), faça um advogado redigir ou aprovar o contrato para garantir que seu investimento e controle estarão protegidos.

Franquia

Obter uma franquia é a terceira alternativa para começar um novo negócio. Ao considerar esse caminho para ter uma empresa própria, procure primeiro os franqueadores que ofereçam o tipo de negócio que você deseja operar. Há tantos tipos de negócios diferentes oferecidos que você realmente tem uma ampla escolha. Vá a feiras de franquias (há em todo o país), leia sobre isso e procure na Internet. Há uma grande variedade de negócios para escolher, um dos quais poderia cumprir seus novos objetivos profissionais.

Quando você escolher a área que deseja, selecione o franqueador e veja se ele é bem conceituado. Determine o que obterá pela taxa de franquia, que tipo de treinamento, equipamento, estoque e serviço contínuo após a abertura.

Você deveria visitar o maior número possível de franqueados. Descubra se estão satisfeitos com os serviços que estão obtendo

Como fazer sua (próxima) carreira decolar

do franqueador. Encontrar novos proprietários também mostrará o calibre das pessoas que o franqueador conseguiu atrair.

Antes de tomar uma decisão sobre que franquia é melhor para você, faça seu contador verificar a situação financeira da empresa e seu advogado examinar o contrato. Certifique-se de que a taxa de franquia e outras obrigações financeiras estejam compreendidas e sejam competitivas em relação a outros franqueadores. O arranjo mais barato não é necessariamente o melhor. Certifique-se de que o que você obterá por seu dinheiro é o que precisa e espera.

Vantagens: os bons franqueadores o ajudarão em todos os passos do caminho. Eles ajudarão a escolher e preparar o local adequado, estabelecer um orçamento realista, treiná-lo e treinar sua equipe inicial, aconselharão você em todas as fases do negócio e darão o valor de seus nomes como empresas estabelecidas. Em resumo, ajudarão você a seguir em frente muito mais rápido do que conseguiria sozinho.

Limitações: você provavelmente precisará de um investimento de capital maior para gerir uma franquia do que se abrisse seu próprio negócio. As taxas de franquia variam consideravelmente com o tipo de negócio. A maioria dos franqueadores providencia o financiamento da taxa de franquia. Além da taxa, pode-se ter de concordar em arcar com equipamentos, instalações etc., e comprometer-se a comprar materiais e suprimentos do franqueador. Em empresas de serviços, os franqueadores geralmente cobram *royalties* sobre a receita total. Antes de concordar em adquirir uma franquia, verifique quais são suas obrigações e certifique-se de que as entendeu.

Mudando de carreira no meio do caminho

Outra característica das franquias que pode ser desvantajosa é que alguns franqueadores mantêm um rígido controle sobre suas franquias. Você deve ter um lucro mínimo para não perder a franquia. Certifique-se de que esteja ciente disso e se os lucros esperados são razoáveis. É comum esse mínimo ser dispensado no período inicial, e talvez você queira insistir nesse termo.

Resumo

- Mudar de carreira pode ser um dos passos mais importantes na vida. Se você mudar para uma carreira relacionada com sua profissão atual ou uma totalmente nova, se você a faz via mudança de emprego ou em seu próprio negócio, é preciso analisar a mudança objetivamente e tomar sua decisão com base em fatos.
- Decisões importantes como a de mudar de emprego ou carreira não deveriam ser tomadas levianamente. Não se justifica mudar de carreira por uma insatisfação temporária com o trabalho.
- Mudar de carreira nunca é uma tarefa fácil. Quanto mais velhos se fica, mais anos se tem na profissão atual e provavelmente mais alto é o salário. Só esse fator pode tornar a mudança para outra área pouco atraente. Contudo, quando se toma a decisão, é preciso estar preparado para anos de trabalho duro, talvez anos de reeducação e estudo,

Como fazer sua (próxima) carreira decolar

sacrifícios em termos de dinheiro, tempo e esforço, e muitos desapontamentos ao longo do caminho para o novo objetivo.

- Os conselheiros de carreira são muito úteis, guiando no processo de mudança de profissão.
- O primeiro passo é analisar sua formação. Primeiro estude áreas que possam ser de seu interesse e identifique os aspectos de sua formação relacionados com a nova área.
- Não subestime os fatores intangíveis que têm papel tão importante no sucesso profissional: empenho, estabilidade, inteligência e perseverança.
- Mudança de carreira pode envolver muitos meses de treinamento e sacrifícios financeiros. Ao fazer sua escolha, pese as vantagens de uma mudança de carreira comparadas com as dificuldades da mudança.
- Os recursos que podemos usar para obter informações sobre carreiras específicas incluem ler jornais de comércio, estudar sites de empresas nessa área e conversar com pessoas atualmente engajadas no trabalho ou na indústria que interessa a você.
- Às vezes, o melhor método para mudar de carreira é abrir o próprio negócio. Talvez você tenha um produto ou uma ideia que queira desenvolver, ou apenas deseje ser seu próprio patrão e operar um negócio independente.
- Negócio significa investimento. Analise cuidadosamente o que um novo negócio exige em termos de capital, despesas operacionais e reservas. Também considere que, na maioria das vezes, pode ser preciso abrir mão de um salário durante muito meses até o negócio decolar.

Mudando de carreira no meio do caminho

- Negócio também envolve risco. Se você fracassar, não só terá perdido sua renda nesse período como também suas economias e as de seus investidores.
- Por outro lado, as recompensas de gerir o próprio negócio podem ser substanciais: não só ganhar muito dinheiro como também acumular capital próprio, o que aumenta seu patrimônio. Um bom negócio sempre pode ser vendido com lucro.
- Visite possíveis consumidores ou clientes. Determine quão bem o mercado está sendo servido atualmente.

Apêndice A

SOBRE DALE CARNEGIE & ASSOCIATES, INC.

Fundada em 1912, a Dale Carnegie Training evoluiu da crença de um homem no poder do autoaperfeiçoamento para uma empresa de treinamento baseada em desempenho com escritórios em todo o mundo. Concentra-se em oferecer a pessoas no ramo empresarial a oportunidade de aprimorar suas habilidades e melhorar seu desempenho para obter resultados positivos, constantes e proveitosos.

O conjunto de conhecimentos original de Dale Carnegie tem sido constantemente atualizado, expandido e aperfeiçoado por quase um século de experiências empresariais da vida real. As

Como fazer sua (próxima) carreira decolar

160 franquias de Dale Carnegie em todo o mundo usam seu treinamento e seus serviços de consultoria em empresas de todos os portes e segmentos de negócios para aumentar o conhecimento e desempenho. O resultado dessa experiência global colaborativa é um crescente conjunto de conhecimentos de negócios com que nossos clientes contam para obter resultados comerciais.

Sediada em Hauppauge, Nova York, o Dale Carnegie Training é representado em todos os 50 estados americanos e em mais de 75 países. Mais de 2.700 instrutores apresentam seus programas em mais de 25 idiomas. O Dale Carnegie Training se dedica a servir à comunidade de negócios em todo o mundo. De fato, cerca de 7 milhões de pessoas completaram o treinamento.

O Dale Carnegie Training enfatiza os princípios e processos práticos criando programas que oferecem às pessoas o conhecimento, as habilidades e as práticas de que precisam para agregar valor ao seu negócio. Relacionando soluções comprovadas com desafios da vida real, o Dale Carnegie Training é reconhecido internacionalmente como o líder em extrair o melhor das pessoas.

Entre os formados nesses programas há diretores executivos de grandes corporações, donos e gerentes de empresas de todos os portes e em todos os ramos de atividade comercial e industrial, líderes legislativos e executivos de governos e inúmeros indivíduos cujas vidas foram enriquecidas pela experiência.

Em uma pesquisa global sobre satisfação do cliente, 99% dos participantes do Dale Carnegie Training expressaram satisfação com o treinamento recebido.

Apêndice B

Os princípios de Dale Carnegie

Torne-se uma pessoa mais amigável

1. Não critique, condene ou reclame.
2. Expresse honesta e sincera apreciação.
3. Desperte um forte desejo na outra pessoa.
4. Demonstre interesse genuíno pelos outros.
5. Sorria.
6. Lembre-se de que o nome de uma pessoa é para ela o som mais doce em qualquer idioma.
7. Seja um bom ouvinte. Encoraje os outros a falar sobre si mesmos.

Como fazer sua (próxima) carreira decolar

8. Fale em termos dos interesses da outra pessoa.
9. Faça a outra pessoa se sentir importante — e faça isso sinceramente.
10. Para ganhar uma discussão, evite-a.
11. Demonstre respeito pela opinião alheia. Nunca diga a uma pessoa que ela está errada.
12. Se você estiver errado, admita isso rápida e enfaticamente.
13. Comece de um modo amigável.
14. Faça a outra pessoa dizer "sim" imediatamente.
15. Deixe a outra pessoa falar durante grande parte da conversa.
16. Deixe a outra pessoa sentir que a ideia é dela.
17. Tente honestamente ver as coisas do ponto de vista dos outros.
18. Seja sensível às ideias e aos desejos da outra pessoa.
19. Apele para os motivos mais nobres.
20. Dramatize suas ideias.
21. Lance um desafio.
22. Comece com um elogio e um sincero apreço.
23. Chame atenção indiretamente para os erros da pessoa.
24. Fale sobre seus próprios erros antes de criticar a outra pessoa.
25. Faça perguntas em vez de dar ordens diretas.
26. Deixe a outra pessoa salvar as aparências.
27. Elogie o menor progresso e elogie todo progresso. Seja "caloroso em sua aprovação e pródigo em seus elogios".
28. Dê à outra pessoa uma boa reputação para manter.
29. Use incentivo. Faça a falha parecer fácil de corrigir.
30. Faça a outra pessoa sentir-se feliz fazendo o que você sugere.

Apêndice B

31. Acabe com o hábito de se preocupar antes que ele acabe com você.
32. Mantenha-se ocupado.
33. Não dê importância a ninharias.
34. Use a lei das probabilidades para banir suas preocupações.
35. Coopere com o inevitável.
36. Decida quanta ansiedade uma coisa vale e recuse-se a supervalorizá-la.
37. Não se preocupe com o passado.
38. Cultive uma atitude mental que lhe traga paz e felicidade.
39. Encha sua mente de pensamentos de paz, coragem, saúde e esperança.
40. Nunca tente se vingar de seus inimigos.
41. Espere ingratidão.
42. Conte suas bênçãos — não seus problemas.
43. Não imite os outros.
44. Tente tirar proveito de suas perdas.
45. Crie felicidade para os outros.

Princípios fundamentais para vencer preocupações

1. Viva em "compartimentos diários".
2. Enfrente problemas perguntando a si mesmo: "O que de pior pode acontecer?"
4. Prepare-se para aceitar o pior.
5. Tente melhorar o pior.
6. Lembre-se do preço exorbitante que você pode ter de pagar em termos de saúde por se preocupar.

Como fazer sua (próxima) carreira decolar

Técnicas básicas para analisar a preocupação

1. Inteire-se de todos os fatos.
2. Pese todos os fatos — então, tome uma decisão.
3. Quando tomar uma decisão, aja!
4. Escreva e responda as seguintes perguntas:
   Qual é o problema?
   Quais são as causas do problema?
   Quais são as soluções possíveis?
   Qual é a melhor solução possível?

Este livro foi composto na tipografia Minion Pro,
em corpo 12/16, e impresso em
papel off-white no Sistema Cameron da
Divisão Gráfica da Distribuidora Record.